グノーシス主義の思想

〈父〉というフィクション

大田俊寛
Toshihiro Ota

春秋社

グノーシス主義の思想　目次

グノーシス主義の思想——〈父〉というフィクション

序章

グノーシス主義との出会い

初めてグノーシス主義に出会った瞬間については、今でも鮮明に記憶している。

一三年ほど前のことである。一橋大学に在籍する四年生であった当時の私は、ふとした切っ掛けから、ギリシャ語で「認識」や「知識」を意味する「グノーシス」という言葉を冠された、古代末期の宗教思想の存在を知った。秘義的な知識の獲得を標榜し、聖書の物語を特異な仕方で読み解こうとするその思想に対して、私は理由もよく分からないままに強い興味を覚えた。そして、卒業論文のテーマとしてグノーシス主義を取り上げてみようと考え、日本語で読むことのできる文献を集めては、それらに少しずつ目を通す毎日を過ごしていた。日本におけるグノーシス研究のパイオニアである荒井献氏の著作や、ハンス・ヨナスの『グノーシスの宗教』といった書物は、当時の私にとってきわめて魅力的なものに映り、そこで論じられるグノーシス主義の複雑な世界観に一度ならず当惑を覚え、読み手に要求される学問的な予備知識の習得に苦労させられつつも、絶えず喚起される知的好奇心に促されながら、それらの読書を楽しんでいたのである。

しかしそのときの私にとって、紀元後二〜三世紀の地中海世界に存在したグノーシス主義という思想は、あまりにも自分から遠く隔たった存在であった。そして、それが現代の私にとって興味深く感じられるのは、あくまでそれらの研究書における思想の整理や紹介の仕方が巧みなためであり、実際にグノーシス主義のテキストに自ら立ち向かってみても、そこには古色蒼然とした不可解な言葉が羅列されているのであろう、と漠然と想像していたのである。当時は、一九九七年に岩波書店から刊行され始める『ナグ・ハマディ文書』（全四巻）はまだ世に現れておらず、それらの構成元となる試訳が大学の紀要等に断片的に発表されている、という状態であった。私は所属するゼミの指導教員から、ナグ・ハマディ文書のなかの代表的テキストの一つである『ヨハネのアポクリュフォン』の翻訳のコピーをすでに手渡されていながらも、なかなかそれに目を通そうとしてはいなかったのである。

私が『ヨハネのアポクリュフォン』の訳文を初めて読み始めたのは、実家のある福岡へと向かう飛行機に乗るために訪れた、空港ロビーでのことであった。飛行機の出発時刻よりかなり早めに空港に到着し、いささか時間をもてあましていた私は、持っていた鞄のなかにその翻訳のコピーが偶然放り込まれていたことに気づき、理解はできなくとも時間つぶしくらいにはなるだろう、という気持ちで、それに目を通し始めたのである。

しかし、始めは何とはなしに文字の表面を追っていた私は、次第にその内容に強く引き込まれていった。そのときに受けた衝撃がどのようなものであったかということについては、それからかなりの時間がたった今でも、うまく言葉にするのは難しい。ただ一つ言えることは、私はそのとき初めてグノーシス主義と出会い、その精神の息吹に直に触れた、ということである。

そこに記されている内容は、難解で古色蒼然といったものとは反対に、きわめて赤裸々で、アクチュアルなものに感じられた。あらゆるものを破壊し尽くしたいという攻撃的衝動、光の神々と闇の神々の抗争を記す凄惨な、しかしどことなくユーモラスな筆致、愚かな盲信を笑い飛ばす嘲笑の響き、淫靡に彩られた性愛に関する描写、自らを取り巻く現状に対しての冷静な分析を綴《つづ》る直截な言葉の数々が、そのテキストには渾然一体としたまま共存しているように思われた。グノーシス主義の精神の「熱」に当てられ、次第に冷静さを失った私は、ロビーの椅子から立ち上がり、翻訳のコピーを手にしたまま辺りを落ち着きなく歩き回ることになったのである。

そして、頭を掻《か》き毟《むし》りながら最後までそれを読み終えた私は、ある一つのことを漠然と、しかし確かに理解した。それは、グノーシス主義の精神が実際にどのようなものであったのかということについて、これまでの多くの研究書は、いまだその内奥には触れえていない、ということである。

それらの研究が、絶え間のない誠実な労苦の上に積み重ねられたものであるということを、私は否定しない。そして先に述べたように、私自身もまたそのような数々の業績に導かれてグノーシス主義への関心を深めていったということも事実である。しかし他方で、これら近代の学知は、グノーシス主義を歴史的忘却の淵からすくい上げたのと同時に、それ自身の内部的な抗争から生み出される「雑音」によって、グノーシス主義の生の声をかき消してしまったのではないだろうか——。

グノーシス主義の難解さ

その後、私は、東京大学の大学院（宗教学）に場を移し、二〇〇七年の博士論文の提出に至るまで、グノーシス主義の研究を継続した。そして、研究を続けてゆく上で何よりも深いモチベーションとなっていたのは、私が最初に触れたと感じた「グノーシス主義の精神」を、現代の学問的言語によって表現したい、ということであった。

しかし、研究を進める過程において次第に明らかになっていったのは、グノーシス主義という対象が、とても一筋縄ではゆかないあまりにも難解な代物だということである。さらには、後に述べるように、グノーシス主義をめぐる現在の研究状況は、ある仕方で奇妙な袋小路にはまり込んでしまっており、そこから逃れ出るための新しい理解の仕方を提唱しようと試みることは、しばしば私を孤立無援の立場へと追いやることになった。グノーシス主義に関する従来の解釈には満足がゆかず、しかし自らの読解方法については適切な表現方法を見つけることができないという状況のなか、外部に弱音を漏らすことはできるだけ自制していたが、先の見えない絶望に苛まれたのは一度ならずのことであったということを、ここに告白しておきたい。

一言で言うなら、グノーシス主義という思想体系は、一方でとても魅惑的で興味深いものでありながら、他方でその総体を正確に理解することがきわめて困難な対象なのである。しかしこのように言ってしまえば、読者のなかのある人々は、それはおかしい、と感じるかもしれない。なぜなら、「グノーシス主義」、あるいは「グノーシス」という言葉は、今では広く人口に膾炙《かいしゃ》し、ＳＦやアニメといったサブカルチャーの領域において好んで用いられる用語の一つにさえなっているからである。さまざまな書物や雑誌、あるいはインターネット上の言説において、あたかもすべてが了解済みであるかのように「グノーシス（主義）」について語られ、それが肯定されたり否定されたりしているのを、人は容易に見つけることができるだろう。

しかし最初に言っておけば、それらで論じられている「グノーシス（主義）」は、歴史的に実在したグノーシス主義とは、ほとんど何の関係もない。当のグノーシス主義自身が、人は空疎なイメージに翻弄されて生きる、と論じたように、それはグノーシス主義にまつわる「空疎なイメージ」とでも言うべきものなのである。本書においてこれからグノーシス主義を論じてゆく上で、まず最初に、これが理解困難な対象であるということ、そしていまだにその実体が正確には知られていないものなのだということを、あらためて銘記しておかなければならない。

それでは、グノーシス主義を理解することが「困難」なのは、どのような理由によるものなのだろうか。ここでは二つの側面から論じてみよう。それは第一に、グノーシス主義という歴史的対象そのものが備えている困難であり、そして第二に、近現代の思想研究や宗教研究が構造的に抱えている困難に関わるものである。

グノーシス主義の諸資料

一般にグノーシス主義は、キリスト教の「異端」として知られている。そして「異端」としてのグノーシス主義は、歴史のある時点において、キリスト教「正統派」からの徹底した排斥の対象となった。しばしば誤解されがちな点であるが、グノーシス主義の最盛期に当たる二〜三世紀においては、「正統派」のキリスト教もまたローマ帝国からの迫害を被る少数派の宗教にすぎなかったため、中世の異端審問やアルビジョア十字軍に見られるように、キリスト教「正統派」がグノーシス主義という「異端」を暴力的に排斥する、という事態が発生したわけではない。しかし、後にキリスト教がローマ帝国の国教となり、さらには中世ヨーロッパ社会における根幹的位置を占めるようになると、グノーシス主義的な思想を記した文書に対する漸次的な廃絶が図られたということは、ほとんど疑いの余地がない。その証拠の一つとして、厳密な意味において「グノーシス主義の原文」(グノーシス主義者が自ら書き記したもの)と呼びうるものは、今日においてはほとんど存在していないとさえ言うことができるのである。

しかし、にもかかわらず、現在グノーシス主義について研究しようとする場合、その対象となる資料の量は膨大である。それらの内容についての詳しい解説は、グノーシス主義に関する他の書物(クルト・ルドルフ『グノーシス――古代末期の一宗教の本質と歴史』等)に譲ることにしたいが、ここではグノーシス主義の資料としてどのようなものが存在するのか、またそれらを読解するのがなぜ困難なのかということを、簡単に概観しておくことにしよう。

1 ナグ・ハマディ文書

現時点においてグノーシス主義を研究する際に、最重要となる資料がナグ・ハマディ文書であることは否定できない。この写本は、一九四五年、エジプトのナイル川中流域に存在するナグ・ハマディという町の近郊で、偶然発見された（その経緯については、エレーヌ・ペイゲルス『ナグ・ハマディ写本――初期キリスト教の正統と異端』に詳しい）。

全一三巻、五二文書からなるコーデックス（冊子本）形式のコプト語写本集であり、プラトン『国家』の断片等の文書をも含むものの、そこに収められたテキストの大半が、グノーシス主義の思想的性質を示している。共住修道制の創始者として知られるパコミオス（二九〇頃〜三四六）が創設した修道院の跡地が、ナグ・ハマディ文書の発見地の近隣に存在することから、これら修道院の書庫にいったんは収められたものの、後の異端排斥の流れを受けて廃棄されたのではないかと想定されている。ギリシャ語の原文から、アルファベット表記が採用された二世紀以後のエジプト語であるコプト語へと翻訳されたものではあるが、今日ではこうして、大量のグノーシス文献を直接読むことができる。

ナグ・ハマディ文書に関して特筆すべきことは、その量の膨大さと、内容の多様さである。三つの写本が収められている『ヨハネのアポクリュフォン』のように、いくつかのテキストには重複が見られるが、そこにはおよそ四〇に上る種類のさまざまなグノーシス文書が収録されている。そしてその大半は、旧約の族長や預言者、あるいは新約の使徒の名前が冠せられ、グノーシス主義的な視点から聖書の物語を再解釈したテキスト群によって構成される。

グノーシス文書の全般に言いうることだが、その文体はきわめて簡潔で密度の高いものであり、一文書ごとの情報量は大きい。ナグ・ハマディ文書全体の編纂者が誰であったのか、またその編纂意図がどのようなものであったのかについては、諸説があるものの、定説となりうる見解には到達していない。また、各テキスト間の関係性も明らかになってはいないため、丁寧に研究してゆけば一生をかけても終わらないほどの内容が、優に含まれている。

2 ヘルメス文書（『ポイマンドレース』）

ヘルメス文書とは、紀元後一～四世紀にエジプトで書かれたと推定されるテキストを収集した、ギリシャ語の文書集である。マルシリオ・フィチーノ（一四三三～一四九九）によってラテン語訳され、ルネサンス期のヨーロッパにヘルメス思想の大流行を引き起こすに至った。その主な内容は、プラトン主義的な宇宙論を骨格とした上で、当時の地中海世界に存在したさまざまな宗教的モチーフを融合させ、秘義的に解釈しようとするものである。

全体は一八の文書からなるが、その第一文書である『ポイマンドレース』という名のテキストが、グノーシス主義の思想を顕著に示すものと見なされている。ナグ・ハマディ文書が存在する今日、その重要性がやや薄れてしまったことは否めないが、その内容が簡潔かつ明解であるために、『ポイマンドレース』を「グノーシス思想の典型例」として重視する研究者も多い。

3　教父文献

グノーシス主義の最盛期である二〜三世紀は、キリスト教正統教義がその最初の輪郭を整える時期でもあった。ある意味においてキリスト教正統教義は、グノーシス主義という強力な「異端」と対立・抗争を繰り返す過程において、自らの体系性を獲得していったと考えることもできるだろう。一般にキリスト教の「初期教父」と呼ばれる人々の著した文献には、ほぼすべてグノーシス主義への論駁が含まれており、これらの内容もグノーシス主義を知る上で貴重な情報源となる。具体的には、殉教者ユスティノス（?〜一六三頃）、アレクサンドリアのクレメンス（一五〇頃〜二一五頃）、テルトゥリアヌス（一六〇頃〜二二〇頃）、オリゲネス（一八五頃〜二四五頃）等の教父や神学者たちが該当するが、体系的かつ浩瀚な異端論駁書を執筆したという点から、次の三文書が特に重要視される。

（イ）リヨンのエイレナイオス（一三〇頃〜二〇〇頃）による『異端反駁』

全五巻。第一巻において、グノーシス主義の代表的な宗派の一つである「ヴァレンティノス派」に属するプトレマイオスの教説を取り上げ、その内容を詳細に吟味・批判している。第二巻以降では、ヴァレンティノス派に属するその他の分派や、数々の異端的宗派の源流と見なされる魔術師シモン、マルキオン派などの教説について簡潔に論じられ、その誤謬を駁すると同時に、正しいキリスト教信仰のあり方についての論証が行われる。聖書論や教会論に関する正統教義の礎《いしずえ》を築いたという意味でも、重要な書物である。

（ロ）ローマのヒッポリュトス（一七〇頃～二三五）による『全異端反駁』

全一〇巻（現在は二巻と三巻が欠損）。基本的にはエイレナイオス『異端反駁』に記された情報に依拠していることが認められるものの、より多い三三の異端的宗派が取り上げられており、『ナハシュ派の教説』や魔術師シモンの『大いなる開示』、『バルクの書』といった、独自の資料も収録されている。異端的諸宗派の教説は、ギリシャの哲学や自然学からの剽窃、しかもその曲解や誤解から生じたものであるという論理の繰り返しによって論駁がなされるため、その記述はいささか単調である。

（ハ）サラミスのエピファニオス（三一五頃～四〇三）による『薬籠《パナリオン》』

全七巻。旧約聖書の『雅歌』六章八節の文句から、「妾《めかけ》が八〇人いるのに対して正妻はただ一人しかおらず、それがキリスト教会である」という発想を導き出し、八〇の異端的宗派を列挙してこれを論駁しようとした書物。『薬籠』とは、異端の毒を消し去るための「薬」が収められた箱を意味している。「八〇の異端」という数を合わせるために捏造されたのではないかと思われる、実在の疑わしい宗派が多数含まれていることや、異端を排斥して正統信仰を擁護したいという熱意によって、常軌を逸した過剰な表現が多く含まれることから、エピファニオス自身の正気を疑問視するような研究も散見される。収録された資料としては、ヴァレンティノス派プトレマイオスの書簡『フローラへの手紙』が、有名かつ重要である。

4 マニ教文献

マニ教とは、イラン人のマニ（二一六～二七七頃）によって創始された宗教である。ゾロアスター教に由来する二元論的世界観を基調に据えながら、西洋から東洋の各地に渡って幅広く伝播する過程で、キリスト教や仏教の教義をその内部に積極的に取り込んでいった。特に地中海世界で流通したマニ教の教説は、何らかの仕方でグノーシス主義からの影響を色濃く受けたことが想定されている。

マニ教をグノーシス主義の一種と見なすかどうかということに関して、研究者たちの見解は分かれているが、『評注蒐集』や『学術書目録』というテキストに記された体系的な教説に対し（邦訳は大貫隆『グノーシスの神話』に収録）、「グノーシス主義の完成形態」と評価する研究者もいる。アウグスティヌス（三五四～四三〇）が青年時代にマニ教に帰依していたことは広く知られており、彼がキリスト教に回心した後に執筆したマニ教論駁書も、グノーシス研究にとって重要な資料の一つとなる。

5 マンダ教文献

マンダ教は、現在もなおチグリス・ユーフラテス川流域に小規模の団体として存在している宗教であり、彼らはしばしば「生き残ったグノーシス教徒」と称される。イエスに洗礼を施した洗礼者ヨハネを自分たちの指導者として仰いでいるが、その起源が歴史的にどこまでさかのぼれるかということについては、現状では明らかではない。マニ教と同じく、何らかの経緯でグノーシス主義の教説をその内部に取り込んだと考えられ、「マンダ」とはグノーシスと同じく「認識」を意味する。主要経典は、八世紀頃に成立したと想定される『ギンザー』という書物である。

6 その他のコプト語写本

ナグ・ハマディ文書ほどの規模ではないものの、その他にいくつかのコプト語写本が存在する。『マリヤによる福音書』、『ヨハネのアポクリュフォン』、『イエスの知恵』、『ペトロ行伝』を収めたベルリン写本、『ピスティス・ソフィア』を収めたロンドン写本、『イエウの二書』を収めたオックスフォード写本等である。『ピスティス・ソフィア』や『イエウの二書』は、魔術的な傾向を深めた後期グノーシス主義による産物と見られており、長大ではあるが繰り返しの表現が多く、その記述は冗長である。

また、近年その内容が発表されて話題を呼んだ『ユダの福音書』も、グノーシス主義の思想的傾向を明確に帯びた文書である。今後も、考古学やコプト学の進展に伴って、いくつかのグノーシス文書が発見・発表されてゆくことが予想される。

以上、大きく六項目に分けて、グノーシス主義の思想を知るために必要不可欠な諸文献を概観した。ここでは必要最低限の説明にとどめたが、それでも、その総量がかなり膨大なものになるということがご想像いただけるのではないだろうか。

グノーシス主義という思想は、その活動の頂点を迎えた時期においてさえ、必ずしも一つのまとまった運動体として存在したわけではなかった。ある共通した思想傾向を示しながらも、グノーシス主義は、きわめて多種多様な、数多くの神話や教説を作り続けたのである。その「離散的」な性質は、グノーシス主義という思想の大きな特徴の一つとして数えられなければならないだろう。そして、グノーシス主義が短期間の活発な運動を終えて消滅した後、彼らの思弁は、ヘルメス思想、マニ教、マンダ教といった、後に続く諸思想によって積極的に吸収された。しかしその一方、彼ら自身が書き記したテキストは、先に述べたようにキリスト教によって徐々に廃絶されることになったのである。

それゆえにグノーシス主義のテキストは、安定した仕方では後世に伝承されていない。その思想については、異端を論駁したキリスト教教父たちの文献によって間接的な情報が与えられる、マニ教やマンダ教といった後代の宗教から、それらに対してグノーシス主義が及ぼした影響をうかがう、あるいはナグ・ハマディ文書を始めとする数々のコプト語訳の写本のように、まったくの偶然の発見によって出土される文書からその内実が明らかにされる、ということにならざるをえないのである。

このように、今日残されたグノーシス主義に関する資料が、きわめて離散的かつ断片的であること、しかしそれらをすべて集積してみれば膨大な量に上るということが、グノーシス主義という思想を理解する際の大きな困難をもたらしている。

グノーシス主義をめぐる言説

次に、今日グノーシス主義はどのように語られ、研究されているのかということについて概観してみよう。ここでは特に日本の状況について中心的に論じるが、全体的な大枠に関する限りでは、それぞれの国ごとにそれほど大きな違いが存在するわけではない。すなわち、グノーシス主義をめぐる言説は大きく、(1) ロマン主義という思想に由来するもの、(2) 文献学的、歴史学的実証主義に基づくもの、に二分される。

グノーシス主義は、キリスト教カトリシズムが社会の根幹的地位を占めた中世という時代においては、ほぼ完全に「忘れられた」宗教であった。その存在が忘却の淵から再び呼び起こされたのは、近代以降、それも実はここ一〇〇年間ほどのことである。

時代が近代を迎え、キリスト教が社会の中心的位置から徐々に外れるようになると、キリスト教自身やその他の宗教に関する学問的研究のあり方も、大きく変化した。まずその一つは、キリスト教にとって「異教」である諸宗教や、さまざまな「異端」に関する研究が発展したこと、さらには宗教というものが、社会の中心を形作る制度的存在から、個々人の「心の内面」に関わる存在へと変化したということである。平たく言えば、人々は、キリスト教正統信仰以外のさまざまな宗教のなかに「エキゾチックなもの」を見出し、これに好奇心を寄せ、しばしば近代社会のもたらす疎外感によって荒廃した自らの心の「癒し」に用いるようになったということである。このような思想的傾向は、「ロマン主義」という概念によって総称される。

そしてもう一つは、プロテスタンティズム的な聖書主義や自然科学的な実証研究の影響から、文献学や歴史学に基づく実証主義的姿勢が、人文系の学問の基礎に据えられるようになったということである。言うまでもなく、グノーシス主義に関する近代的研究においても、このような大きな学問的変化が色濃く影響を及ぼしている。

1　ロマン主義的な捉え方

現在、多くの人々が「グノーシス主義」という名称を目にするのは、グノーシス主義について論じられた専門的研究書においてよりも、今日の「ロマン主義者」たちによって著された手軽な宗教論において、ということになるだろう。かく言う私自身も、初めてグノーシス主義の名前を目にし、その思想に興味を覚えたのは、現代日本の代表的なロマン主義者の一人と見なされうる、中沢新一の著作においてであった。

しかし、容易に想像がつくことと思われるが、これらロマン主義者たちによる宗教論とは、ポピュラリティーを獲得することを目的に作り上げられた口当たりの良いファンタジーにすぎず、まともな思想研究や宗教研究の名に値するものではない。中沢のグノーシス論もその例に漏れず、グノーシス主義に関して実際には氏がほとんど無知であり、いくつかの入門書や事典の記述から得た浅薄な知識をもとに、そこから自分勝手な連想を繰り広げたものにすぎないということに気づくのに、それほど時間はかからなかった。

グノーシス主義は、近現代のロマン主義者たちが「何か深遠なもの」「何かエキゾチックなもの」を見出そうとする際の格好の対象の一つになっているわけだが、そのもっとも典型的なケースと見なされるのは、心理学者C・G・ユング（一八七五〜一九六一）の研究である。例えば日本においては、ヨナスの『グノーシスの宗教』の翻訳を行っているのが、秋山さと子や入江良平といったユング派の人々であることからも、グノーシス主義とユング思想の親和性の一端をうかがい知ることができるだろう。

ユング的な視点から、グノーシス主義を含むキリスト教史について論じた書物としては、「霊性的知識人」とも呼ばれた湯浅泰雄による『ユングとキリスト教』という著作が広く知られている。しかし、ここでは詳しく論究することを避けるが、ほとんど各頁ごとにと言って良いほどの誤解や誤謬に満ちており、まともな学問的著作であるとは到底言いがたい。また、ロマン主義的なグノーシス論の「元祖」と言うべきユングの研究については、すでに別稿（拙論「ユングとグノーシス主義――その共鳴と齟齬」）で論じたので、詳しくはそちらを参照していただきたいが、その内容はあえて言うなら「でたらめ」の一語に尽きる。

ごく簡単に要約するなら、ロマン主義とは、近代思想の主流の位置を占める「啓蒙主義」に対抗するものとして存在する思想的潮流である。啓蒙主義においては、万人にはその共通の「良識《ボン・サンス》」として「理性の光」が与えられており、理性的な自我の働きによって世界の姿を隈無く照らし出すことができると考えられている。しかしロマン主義は、啓蒙主義の唱える「光」の思想に対して、強く異を唱える。ロマン主義は、光によっては照らし出すことのできない領域が、理性の外部に残り続けることを主張するのである。その領域は、「宇宙」や「無限」、あるいは「闇」や「悪」と呼ばれる。そして人間の理性的「自我」は、これらの外部的存在を内部に取り込むことによって、本来的な「自己」へと成長することができるとされるのである。

ユングやその他のロマン主義者は、このような「自己実現」の目的論や、その基調をなす善悪二元論をもって、グノーシス主義を理解しようと試みる。真実の自己のあり方を模索することや、善悪二元論的な世界観において、古代思想であるグノーシス主義と近代思想であるロマン主義は、一見したところ著しい共通性を示している。しかしグノーシス主義においては、悪の実在性に対する肯定的な見解や、それらの存在を内部に取り込んで成長する「自己」という概念が存在するわけではないため、彼らのグノーシス理解は常に的を外したものになってしまう。その論述は、自らの思考体系に都合の良いように対象を歪めるという、牽強付会《けんきょうふかい》に陥ってしまうのである。

近代のロマン主義者たちが、キリスト教史や宗教史を新たな仕方で捉えようとしたこと、そしてその試みにおいてグノーシス主義を積極的に再評価したことは、今日の宗教研究に大きな影響を及ぼした。その意義は十分に認められなければならないだろう。しかしながらその研究の具体的な内容は、率直に言って肯定的に評価しうるような水準のものではない。ロマン主義者たちは、自らの思考の論理を盲目的に対象に押しつけては、甘美で空疎な連想を繰り広げるばかりであり、概して彼らは、対象の内在論理を冷静に考察するために必要な姿勢を欠いているのである。

2　文献学的・歴史学的実証主義

グノーシス主義について語っているように見せかけながら、実のところは自らの内的妄想を開陳しているにすぎないという、不毛な「ロマン主義的解釈」から抜け出すためには、当然のことではあるが、まずはグノーシス主義の文献をできるだけ正確に読解しなければならない。すなわち、グノーシス主義の思想がそれ自身のテキストにおいてどのような仕方で表現されているのか、またそれがどのような歴史的環境において生み出されてきたのかということを、残された資料から考察しなければならないのである。

そしてグノーシス研究の場合には、このような学問上の「最初のハードル」を越えることすら、非常な困難を伴うことになる。先ほど六種類に大別したグノーシス主義の資料を、すべて直接読もうとすれば、ギリシャ語やラテン語はもちろん、コプト語、シリア語、アラビア語、マンダ語等を習得することが必要となるため、語学の学習だけでも大変な労力を強いられる。とはいえ今日では、英・独・仏語、そして日本語による質の高い翻訳が出揃うことによって、このような言語上のハードルは比較的乗り越えやすいものになっている。

それでは、残されたグノーシス主義の資料を可能な限り精密に読みさえすれば、その歴史的実像は自ずから明らかになるのだろうか。そうではない。それらの知見はあくまで研究の「出発点」を形作るものではあっても、決して結論にまで到達することを保証するものではないからである。

例えば、文献学的な「本文批判」の手法を考えてみれば、それが有効に機能する理想的な条件とは、一つのテキストに対してかなり多数の写本、それも原語で書かれた写本が存在する場合になるだろう。しかしグノーシス主義の諸資料においては、複数の写本が存在するのは『ヨハネのアポクリュフォン』や『イエスの知恵』等の、ごく一部に限られており、さまざまな資料の大半においては、写本がただ一つしか存在していない。しかも先に述べたように、それらのほぼすべては、原語から他言語へと翻訳されたもの、論敵であるキリスト教教父によって記録されたもの、他宗教や他思想によって取り込まれたもの、のいずれかに相当し、厳密な意味において「グノーシス主義の原文」と呼びうるようなものは、今日残されていないと言っても過言ではない。それゆえに、先に列挙した諸資料を正確に読み込みさえすれば、グノーシス主義の「実像」や「実体」が浮かび上がってくるというほど、ことは容易ではないのである。

資料から得られる確実な情報に基づいてその歴史的実体を知ろうとすることは、今日の人文系の学にとって基礎となる行為であるが、グノーシス主義の場合には、そのような「正攻法」がきわめて通用しにくい。その理由は、グノーシス主義の運動がかなり大規模で広範囲にわたるものであったことが想定されるにもかかわらず、残された文献は明らかに断片的で、かつ先に述べたように間接的なものであり、それゆえに残存する諸資料の相互関係が確定しにくいからである。また、本論で詳しく述べるようなグノーシス主義の神話創作の手法、すなわち、周囲のさまざまな思想からモチーフを剽窃し、それを自らの物語のなかに絶えず組み込んでゆくという手法も、その「ありのままの姿」を捉えにくいものとしている。

このような条件を前にして、グノーシス主義の多くの研究書、なかでも概説書や入門書において通常採用される手法とは、キリスト教教父による報告をある程度信用し、彼らの行ったグノーシス諸宗派の分類に基づいて、ナグ・ハマディ文書等の直接資料を読み解いてゆくといったものである。一例を挙げれば、旧約聖書の『創世記』の再解釈に重点を置く場合には「セツ派」、世界や人間の三部分説が出てくれば「ヴァレンティノス派」、仮現論的キリスト論を強調すれば「バシリデース派」等々、教父の言説をもとに、グノーシス主義のなかでも代表的な宗派についてその特徴をある程度確定した上で、ナグ・ハマディ文書の『ヨハネのアポクリュフォン』はセツ派、『三部の教え』はヴァレンティノス派の文献であろう、ということを推定するのである。

しかしながらこのような研究方法も、実際にはかなり限定的な有効性しか持ちえない。というのは、キリスト教教父によってもたらされた情報のなかでも、宗派の分類に関する事柄は、「異端」を論難するために戦略的に採択された「外部からの名づけ」という性質が強く、実際のグノーシス主義者たち自身がそのような宗派的アイデンティティを維持し、それに固執していたという事実は、ナグ・ハマディ文書等の資料から判明する限りでは、ほとんど見られないからである。グノーシス主義は、その活動が盛んであったおよそ一〇〇年ほどの期間において、宗派の静態的な確定や分類が困難なほど、絶え間のない離合集散を繰り返していたと見る方が、むしろ実情に即しているように思われる。ゆえに、グノーシス主義を宗派別に分類してその実体を探ろうとする試みは、研究者たちのさまざまな仮説を列挙したあげく、「結局のところよく分からない」という曖昧な結論に帰着しがちなのである。

文献学とロマン主義の癒着

このように、今日におけるグノーシス主義をめぐる言説は、ロマン主義的な捉え方と文献学的・歴史学的実証主義に基づくものに大別されるが、グノーシス主義という対象を前にして、いずれも限界に突き当たっている。さらにはこの両者の流れが、不明瞭な仕方で相互に癒着していることも多い。特に日本の研究においては、代表的な文献学者たちが、グノーシス主義の思想を「自己実現」の物語と捉えるユング的な解釈を大枠において受容してしまっているところに、大きな問題があるように思われる。

例えば荒井献は、グノーシス主義に関する最初の邦文著書である『原始キリスト教とグノーシス主義』(三五〇頁)において、グノーシス主義の本質的な特性を次の三つのモチーフによって規定している。

(1) 究極的存在と人間の本来的自己は本質において一つであるという救済の認識。
(2) その前提としての反宇宙的二元論。
(3) その結果として要請される、「自己」の啓示者または救済者。

荒井による本質規定において、「(本来的)自己」という概念が中心的な位置を占めていることは明らかだろう。すなわちグノーシス主義とは、自己の本質を忘れて悪しき世界へと転落した人間が、本来的自己が究極的存在と同一であることを認識し、上なる世界へと帰るということを基調とした宗教思想である、ということになる。

このような見解は、荒井の後継者である大貫隆の研究においても受け継がれ、さらにはいっそう拡大されている。大貫は『グノーシス考』という著作において、ユング心理学とグノーシス主義の関係について論究し、「自己実現」の目的論という点において、両思想の構造が基本的に同一であることを主張する(三五四頁以下)。そして大貫は、「人間即神也」という考え方がグノーシス主義の本質であり、それを「自己の無限膨張」した「他者喪失」の思想、「独我論」の体系であると断じて、倫理的な見地からの批判を行うのである。

荒井と大貫は、ナグ・ハマディ文書の邦訳を手掛けた古典文献学の専門家であり、グノーシス主義の資料を誰よりも精密に読み込んでいることに疑いはないのだが、「詰まるところグノーシス主義とは何か」という大きな問いを前にすると、ほとんど無防備にロマン主義的宗教論を受容してしまう、という傾向を持っている。例えば、大貫の主導によって編集されたグノーシス論集である『グノーシス 陰の精神史』および『グノーシス 異端と近代』という二巻本は、基本的にロマン主義的な宗教史観に則ったものであり、ロマン主義的なグノーシス理解の不毛さ、すなわち、何か似通った点があればことごとくグノーシスと呼び習わすという、「空疎なイメージの拡散」に手を貸してしまっていると言わなければならない。本来であれば文献学者の役割とは、ロマン主義的な捉え方に対して、その主張の根拠が薄弱である点や、解釈が恣意的である点について批判することにあると思われるのだが、グノーシス主義がその総体を見極めにくい対象であるということもあり、特に日本の研究においては、必要な相互批判を欠いたまま、両者が癒着してしまっている。

それでは、「自己」の心理学に基づくユング的なグノーシス理解、そしてそれに依拠した荒井や大貫のグノーシス理解は、一体どこに問題があるのだろうか。グノーシス主義の思想が「自分自身を知ること」を主目的としていること自体については、それが誤った理解であるわけでは決してない。しかし本書で詳しく考察されるように、グノーシス主義における自己認識とは正確に言えば、

「父なる神」の存在に照らして自己を認識すること、であった。そしてグノーシス主義者たちは、父なる神とは何か、その存在はわれわれとどのような関係にあるのかということを、執拗に探究したのである。荒井や大貫が論じるような、「人間と至高神が本質的に同一である」、ゆえにそこには「自己」しか存在しない、という言説は、グノーシス主義のテキストのどこにも書かれていない。ユングとその他のロマン主義者たち、そして荒井や大貫におけるグノーシス理解においては、その思想の中心的主題である「父」の問題系が、すっぽりと抜け落ちているのである。

グノーシス主義再考

インターネットで試みに、「グノーシス主義」という言葉を検索してみよう。そこにはどれだけの断言が溢れていることだろう。曰く、「グノーシス主義とは結局のところ……である」、あるいは、「……はグノーシスである」というように。

ある意味では、これほどまでに人を一方的かつ早急な断定へと誘う宗教思想も珍しいのではないだろうか。一見したところSF的なまでに明快でユーモラスな世界観であるかのように映りながら、しかしいささか精密にその運動の軌跡をたどろうとすると、輪郭がはっきりとしない状態のままに、その影響が限りなく遠くまで広がっているように見えてくる、というグノーシス主義の特徴が、このような現象を生み出しているのかもしれない。

グノーシス主義は、歴史の全体を見渡してみても、かなり特異な部類に入る宗教思想運動である。

本書では、可能な限りあらゆる先入見を排し、その思想の特質について始めから考え直すことを目的としている。全体的な指針としては、グノーシス主義という思想が超越的な「父」の存在を希求していたこと、さらには「父」の機能について明確に分析しようとしたこと、しかし逆説的にも、それゆえに持続的な思想運動を形成しえなかったということを跡づけてゆくことにしたい。本書は四つの章によって構成され、その概要は以下の通りである。

第1章「グノーシス主義前史」では、グノーシス主義に先行する、あるいはそれと同時代的な諸思想について概観する。西洋古代社会における「父」の存在とはどのようなものであったのか、また、それはどのような仕方で衰弱したのか、さらにその喪失から、プラトン主義やストア派といった古代末期の諸思想がどのような思弁を展開していったのかということを、簡単に整理する。

第2章「二つのグノーシス神話」では、ヘルメス文書の『ポイマンドレース』、およびナグ・ハマディ文書の『ヨハネのアポクリュフォン』という、二つの代表的なグノーシス神話を取り上げ、その世界観の全体像について考察する。

第3章「鏡の認識《グノーシス》」では、グノーシス主義のさまざまな神話について、そこに描かれた「鏡」のモチーフに特に注目しながら、横断的に分析する。グノーシス主義は、鏡に映った姿を見ることによって自己の存在を認識するという人間精神の特異性について、きわめて詳細な思弁を展開した。それは現代の精神分析と肩を並べるものであり、両者のあいだには多くの共通性が認められる。この章では、精神分析の理論を適宜援用しつつ、グノーシス主義のさまざまな神話的モチーフについて考察する。

第4章「息を吹き込まれた言葉――グノーシス主義とキリスト教」では、グノーシス主義とキリスト教双方の教義について、対比的に考察する。これら両者はともに、新しい時代を担うに足る「父なる神」の存在を希求していた。そしてそれゆえに多くの接点や共通性を持ちながらも、しかし同時に、激しく対立したのである。この章では、超越的な「父なる神」をどのような仕方で表象するかという主題を焦点に、グノーシス主義とキリスト教の相克についてやや詳細に考察する。

このように本書では、「父」の問題系を中心に据えることにより、古代から中世へと至る大きな思想史的見取り図が描き出されるとともに、そのなかでのグノーシス主義の位置づけを把握することが目指される。しかし、念のためにここで書き添えておきたいことは、本書で示される思想史的な見取り図とは、あくまで私自身が考えるもの、それも、現時点での私が考える暫定的なものにすぎない、ということである。

グノーシス主義は、やはり一筋縄ではゆかない複雑な現象である。本書によってグノーシス主義に興味を持たれた読者が、直にその文献に触れ、その魅力と危うさから新しい思考を展開してくれることを、著者は切に願っている。私たちは何度でも、そもそもの最初から、グノーシス主義とは何かということについて考え直していかなければならないだろう。そう、グノーシス主義の思想を生み出した彼ら自身が、自らを完全に消尽させるまで、「そもそもの最初から」考えることを決して諦めようとはしなかったように。

第1章　グノーシス主義前史

グノーシス主義と「古代末期」

グノーシス主義がその運動を展開した期間は、広く見て二世紀から四世紀であり、その最盛期に当たる期間となると、おそらくは二世紀後半から三世紀前半までの、およそ一〇〇年間にわたるものであったと考えられる。グノーシス主義の思想運動はこの一〇〇年のあいだに、ナグ・ハマディ文書に残されたような無数の教典を生み出しながら地中海世界を広く席巻したものの、短期間のうちに急速に終息へと向かったのである。

グノーシス主義が活動した時代は、一般に「古代末期」と称されている。すなわちこの時代は、ローマ帝国の発展と衰退によって西洋の古代世界が終焉を迎えるとともに、中世という新しい時代を準備する諸要素が芽生え始めた時代でもあった。

グノーシス主義について考察する際にまず最初に把握しておかなければならないのは、その思想的運動の背後には、古代から中世へと時代が移り変わるという、大きな歴史的転換が存在したということである。第4章で具体的に考察されるように、グノーシス主義、そして中世世界の根幹を担うことになるキリスト教は、古代世界が生み出したいくつもの「果実」をそれぞれの仕方で内部に吸収し、新しい時代を切り開くために役に立つものとその障害になるものとを、さまざまな試行錯誤を繰り返すことによって選り分けていった、と見ることもできるだろう。グノーシス主義の運動が、他の宗教思想と比較して多くの特異性を示している点について、このような歴史的転換によってもたらされたものとして考えてみることにしたい。

広く知られているように、グノーシス主義は「折衷」的、あるいは「混淆」的な宗教思想であり、その内部には、古代末期地中海世界に存在したさまざまな哲学的・宗教的モチーフが数多く取り込まれている。それでは、グノーシス主義の骨格を形成するモチーフにはどのようなものがあり、またそれらのモチーフは、古代西洋史においてどのような仕方で生み出されてきたのだろうか。グノーシス主義の背景を構成する大きな歴史的流れを把握するために、この章では「グノーシス主義前史」と題して、古代から古代末期に至る社会史・思想史の概要を整理しておくことにしよう。

1　古代都市の信仰――「父」というフィクション

クーランジュの『古代都市』

古代末期とは、一〇〇〇年以上の長期に渡って古代西洋世界を支えてきた信仰や制度が、爛熟を迎えるとともに瓦解を見せ始めた時代であった。そしてグノーシス主義の発生は、古代社会の根幹が揺らぎ始めたという事実に、間接的な仕方ではあれ深い影響を被っている。しかしそれでは、古代「末期」に揺らぎを見せ、後に崩壊したその古代社会の諸制度とは、果たしてどのようなものだったのだろうか。

この節では、古代西洋世界における信仰のあり方を素描するために、歴史家のフュステル・ド・クーランジュ（一八三〇～一八八九）が一八六四年に著した『古代都市――ギリシア・ローマの祭祀・法律・制度の研究』という著作を参照することにしたい。今から一四〇年ほど前に書かれたこの著作は、今日発見されている重要な資料が考慮に入れられていないこと、あるいはミケーネ文明やミノア文明といった、古典古代以前の時代が視野に入っていないこと等の限界があることも確かだが、古代都市社会における諸制度の基本的輪郭を理解するためには今でも十分に有用な、きわめて優れた書物である。

クーランジュがこの書物で提唱しているのは、「制度史」という新しい歴史学的観点である。クーランジュは、現代的な価値観に基づき、古代の政治や文化に対して評価を下そうとする従来の歴史観を退け、古代社会の歴史を客観的に理解するためにはむしろ、その背景となっている社会制度のあり方と変遷に注目しなければならない、と主張する。クーランジュのこのような学問的手法は、著名な社会学者であるエミール・デュルケム（一八五八〜一九一七）の理論にも多大な影響を与えている。

死者の崇拝——供犠

まずクーランジュは、現代人の目にはしばしば奇怪なものにさえ映る古代都市の法や習俗に関して、それらの制度の背後には原始的な「信仰」の体系があったということを指摘する。逆に言えば、現代人のわれわれが古代の諸制度を理解するためには、何よりもまず古代的な信仰の論理を理解しなければならない、ということになる。

それでは、古代人の信仰のあり方とは、どのようなものなのだろうか。それは一言で言えば、「死者」に対する信仰である。古代人は、身近な人間が死に至ると、その死体を墓に埋葬するとともに、彼の魂は死後もそこにとどまると考えた。彼らの信仰は、「輪廻転生」や天上の「神の国」といった複雑なものではなく、墓という地下世界に住む死者の魂の実在を信じるという、きわめて素朴なものであった。

古代人が死者を崇拝する際に主要な役割を果たしたのは、家の中心に据えられた「竈《かまど》（ウェスタ）」の存在である。古代人は、竈を使って食物を調理し、家族全員で食事をともにしたため、竈は家族の一体性を象徴する神聖なものと考えられた。また古代人は、墓のなかで生きていると信じられていた祖先の魂のために、竈で調理した食物を日常的に捧げるとともに、定期的に催される重要な祭りの日には、祖先の魂を呼び出すことによって、彼らと食事をともにした。祈りの言葉を唱え、祭壇に酒を注ぎ、その年に収穫された「初物」を捧げた後、彼らは祖先の霊魂とともに、その食物を口にしたのである。

　このような儀礼は、宗教学の用語で一般に「供犠《くぎ》（サクリファイス）」と呼ばれている。簡単に言えば供犠とは、普段は食べることが禁じられている動物や、その年の最初の収穫物など、宗教的な意味づけを与えられた特別な食物を、共同体の成員たちが揃って共食するという儀礼的行為である。あるいは逆に言えば、このような儀礼に参加し、同じ食物を一緒に食べた人間こそが、「共同体の成員」として承認される、と考えることもできるだろう。そこには、摂取した食物はいずれその人間の血となり肉となるため、食事をともにすれば結果的には体を同じくする（＝共同体）ことになるという、原始的な感覚が秘められている。

　また、供犠において重要なのは、このような神聖な食事に参加するのが、決して生きている人間たちだけではないということである。そこには、「神」、あるいは「祖先の霊魂」が召喚され、生きている人間たちとともに食卓を囲むことになる。供犠の中心にいるのは、生きた人間というよりむしろ、これらの目には見えない神格たちなのである。

これらの神格は、共同体に対して、持続的な同一性を与えるものとして機能する。すなわち共同体においては、新しく子供が生まれ、年老いた者が死ぬというように、共同体の「新陳代謝」が生じ、その成員は時間の経過とともに移り変わってゆく。しかし、共同体の成員が完全に入れ替わってもなお、その共同体が「同じ共同体」であると言うことができるのは、その共同体の同一性が、「神」や「祖先の霊魂」といったフィクショナルな人格によって担保されているからなのである。

祖先の表象としての聖火

それでは、古代人の信仰においては、どのような仕方で「祖先の霊魂」を呼び出すことができると考えられたのだろうか。その方法もまた、「竈」の存在と深く結びついていた。すなわち、神聖な意味を与えられた竈の内部に「火」を灯すことによって、祖先の魂が墓から呼び出され、そこに現前すると考えられたのである。すなわち聖火は、すでにこの世から去ってしまった人格的存在を呼び戻し、再-現前化させる、「表象（representation）」としての役割を果たしていた。

家族宗教における「父」

先祖代々の墓と神聖な竈が据えられた土地を守り、聖火を灯して先祖の魂を呼び出しては、彼らと食事をともにすること。これこそが、古代世界における信仰の形であった。すなわち古代人の宗教とは、祖先崇拝を中核とする「家族宗教」だったのである。

古代人の家族宗教において中心的な役割を果たしたのは、「父」の存在である。その宗教は、一族の「神聖な始祖」から現在の父へ、さらにはその息子へと受け継がれる、「生命の火花」の伝達によって成り立つと観念されていた。「原始時代の信念では、生殖力は父だけに属すると思われていた。父だけが生命の神秘な原質を有し、生命の火花を伝えると信じていた」(『古代都市』七二頁)。家族宗教の根幹にあるのは、そのような「父の系譜」であり、ゆえにそれは「父系制」と呼ばれる。「父」の存在とその系譜こそが、家族全体の輪郭と、世代を越えたその継承関係を確定したのである。

明らかに女性よりも男性を優位に置いているこのような制度は、現代人の目にはきわめて差別的で偏狭なものに映るかもしれない。しかし、宗教という主題を取り扱っている以上、ここでは早急な価値判断を下すことを慎重に控え、対象の内在論理について冷静に考察しなければならないだろう。家族宗教における「父」とはどのような存在で、またどのような役割を果たしていたのだろうか。

ここではまず、父という存在が、生物学的にはきわめて不確かな存在であることを認識しておく必要がある。それに関して述べられた、含蓄の深いラテン語の格言を引こう。

Mater semper certa, pater incertus.（母は常に確かだが、父は不確か。）

いささか苦笑を誘うような文言だが、しかし同時に、赤裸々な真実を表す言葉でもある。例えば今、まさに一人の赤子が母親の胎内から出産されるのを目にしたとしよう。このとき、赤子の母親が誰であるかということについては、まったく疑いの余地がない。しかしそれに対して、父親はどうだろうか。現代でこそ、DNA鑑定という方法によってかなりの精度で父親が誰であるかを確かめることができるようになったが、これまでの長い歴史のなかで人類は、父親を確定するための科学的な方法を持たなかった。

上述の格言が示すように、母親と子供の関係が誰の目にも明らかであるのに対して、父親と子供の関係は、実はきわめて不確かなものである。しかし後に述べるように、宗教の「発明」とは言わば、このような「父の不確かさ」を、融通の利く制度性へと巧みに転化させることであった、と考えることができるだろう。

古代社会の宗教において、父と子の関係を成立させるのは、母子関係のような生物学的事実ではなく、むしろ「宣誓の言葉」という儀礼的行為であった。すなわち、生まれてきた赤子に対して、「これは私の息子（娘）である」と父親が宣言することにより、正式な父子関係が成立すると見なされたのである。

このような宣誓行為は、古代の宗教における中心的な行事の一つであった。すなわち、子供はただ母親から産まれてきただけでは家族の一員となることはできず、父親によって司られた祭祀において、正式な成員として承認されなければならないのである。「親族関係の原則は出生という物的な動機にあるのではなく、ただ祭祀によるのであった」(『古代都市』九八頁)。

父というフィクション

その結びつきが誰の目にも明らかな母子関係よりも、むしろ父子関係の方が重要と見なされること。これは一見したところ、奇妙なことに思われるかもしれない。しかし、例えば「養子」という事例について考えてみれば、このような事柄に対する十分な合理性を認めることができる。

現代のような統計的データが残されているわけではないので、もちろん厳密に正確な事実が分かるわけではないが、現在の歴史学的知見では、古代ローマの社会においては恒常的に乳幼児死亡率がきわめて高く、子供が五歳になるまでの期間に、そのほぼ半数が死亡していたと推定されている。この推定によれば、一人の女性が五人以上子供を産まなければ、その都市の人口は減少に転じる計算となる(『古代ローマを知る事典』二四五頁を参照)。そしておそらくこのような社会環境においては、多くの子供に恵まれながらも貧困のためにその養育が困難になる家族がいる一方で、財産はありながらも跡継ぎを失ってしまう家族が出るという事態は、頻繁に発生しえただろう。それゆえに、ある家族から別の家族へと子供を移す「養子制度」の必要性は、現代よりもはるかに高かったわけである。

このような状況下において、親子関係が出生という生物学的事実に過度に縛られていては、持続的な共同体を形成することができない。そのために案出されたのが、母よりも父を重視するという、古代的な家族宗教の制度であった。宗教上の主宰者である「父」が、儀礼的宣明によって「真の親子関係」を作り上げるという観念が、そこでは必要とされたのである。

客観的な事実としての血縁関係が重視される近代的な核家族とは異なり、古代における家族とは、より規模が大きく、より擬制《フィクション》的な性質の強い存在であった。国家がなお未発達な環境において、家族的共同体は、社会秩序の根幹を担っていたのである。そしてこのような視点から、「不確かな父」こそが「生命の火花」を伝えるという観念の合理性を理解することができるだろう。「不確かな父」を中心に据えることによって、古代社会における家族は生物学的な絆から解放され、柔軟で融通の利く制度性を獲得していったわけである。

ここでやや視野を広げて考えてみると、「父」という存在は、実は人間という種に特有のものであると言うことができる。例えばほ乳類の動物の場合には、人間に限らず、そこには自然に「母」が存在する。ほ乳類とは文字通りに、出産後の子供を授乳によって育てる動物のことであり、そしてその授乳期間はある程度の長さにわたるため、「母」と「子」のあいだには自然に、物理的かつ精神的な結びつきが発生するからである。

しかしながら人間以外のほ乳類の動物においては、「父」は存在しない。近年の家族論においては、父の役割の重要性を見直そうとする流れのなかで、それが動物にも見られる自然的存在であることを主張するものがあるが、私にはそれは正しい見解であるとは思われない。確かに、群れをなして生活する動物では、力の強いオスがリーダーとなり、生きてゆくための知恵を群れの若い個体に伝える行為がしばしば見られる。しかしそれは、人間における「父」が持つ存在意義や役割とは、まったく異なるものだと言わなければならないだろう。

多くの動物の場合には、オスは生殖行為が済めばすぐにメスのもとを去ってしまい、その後に自分の子供がどうなるのかということについては、ほとんど見向きもしない。また動物のオスが、ある子供が自分の「血を分けている」かどうか、自分と同一の系譜関係にあるかどうかについての観念を持っているとは、到底考えられないだろう。

これに対して人間という種は、「オスの親」を「父」と称し、これに比類のない地位を与えている。それでは「父」とは、一体何だろうか。端的に言えばそれは、フィクションを創設することによって、人間社会を統御する者である。すでに述べたように、父と子の関係は、「お前は私の息子（娘）である」という儀礼的宣誓、すなわち、パフォーマティブな言語行為によって創設される。これを言い換えれば、そのような言語行為が行われる以前、子供が子供でないのと同様に、父もまた父ではない。父はその子と同じように、言語によって創設されるのである。

しかし、父が擬制的な存在であるというのは、このような意味においてのみではない。そもそも彼が、新しく生まれた子を家族の成員として承認するという権限を持つと見なされるのは、どのような背景に基づいているのだろうか。それは彼が、家族の「神聖な始祖」から「生命の火花」を継承していると考えられていることによる。そしてこの「神聖な始祖」は、先に述べた通り、普段は先祖代々の墓に眠っているのだが、神聖な竈に火が灯されると、現世へと来臨する。すなわち、真の意味で「父《パーテル》」と呼ばれるのにふさわしいのは、現実世界に存在しているわけではない、この「神聖な始祖」という虚構の人格、虚構の存在者なのである。このような観点から考えれば、聖火のもとで宗教儀礼を主宰する生きた家父長でさえ、あくまで真の「父《パーテル》」の代理人＝表象であるにすぎない。

共同体の結合と、自然神の出現

このようにクーランジュによれば、古代社会の根幹をなしていたのは、「父」の存在に基づく家族宗教的な制度であった。そして、このような宗教的理念に基づく家族的共同体は、時間の推移とともに互いに結合し、その規模を拡大してゆく。ある場合には、相互の共同体が合意することによって、またある場合には、強力な共同体が衰弱した他の共同体を力ずくで制圧することによって。

そして、いくつかの共同体が結合する際に求められたのは、新しく生み出されたより大きな共同体の一体性を示す、新しい宗教的「シンボル」であった。そのようなシンボルの多くは、自然物から採用された。その理由は、いくつかの家族が結集して新しい共同体を形成する場合、ある程度中立的なシンボルが求められたからである、と考えられる。こうして、「雷」の神であるゼウス、「海」の神ポセイドンなどが誕生すると同時に、それらの相互関係を表す神話や神統記が生み出されていった。

都市国家の成立

家族から氏族へ、氏族から部族へと、共同体の規模は拡大してゆき、ついには「国家」と呼びうる規模にまで成長する。いわゆる「都市国家《ポリス》」の成立である。そして先に述べた数々の自然神は、今や都市の守護神としての役割を果たすようになる。

しかしながら、表面的な宗教的表象が変化したとしても、その根幹にあったのが「家族宗教」の原理であったことに変わりはない。都市国家の一体性を証し立てる宗教儀礼において重要な役割を果たしたのは、なおも「聖火」と「供犠」であった。都市の中心部には聖火台が設けられ、絶えることなく火が灯され続けたが、その火は、かつてその都市を築き、現在もなおそれを守護している、「神聖な祖先たち」の存在を表象していると考えられた。

また、諸部族が連合して新しい共同体を形成する際には、それぞれの部族の家長たちが集い合い、食事をともにする「聖餐」が行われた。そして都市国家が形成された後、その成員にとってもっとも名誉なことは、都市に対する自らの功労を認められ、市庁舎に招かれて食事にあずかることであると見なされた。

都市国家の発展と崩壊

こうして古代の地中海世界では、さまざまな文化的・政治的性質を有する都市国家が数多く成立した。都市国家の発展によって、古代ヨーロッパ世界はその最盛期を迎えることになるのだが、しかしその繁栄は長く続かず、徐々に衰退と崩壊の色を濃くしてゆくことになる。その経緯についてはここでは詳しく触れることができないので、クーランジュの記述を直接参照していただきたいが、都市国家の衰退の要因となったことについて簡単に記せば、それは都市の成立に伴う「民衆」の発生と、その堕落・腐敗である。

都市国家というかなりの規模を備えた共同体が成立したことによって、一方では、中央集権的な権力が必要とされた。その政治体制は、当初は諸部族の長たちが寄り集まって形成する連合体であったが、宗教的な主宰者であり、政治的な権力者でもある「国王」を中心とした王政へと、徐々に移行するようになる。すなわち、共同体の中心となる「虚構の人格」を担うものが、各家族における「家父長」から、国家の「王」へと推移したのである。この意味において王とは、まさに「国父」と呼ばれるのにふさわしい存在であった。

しかし他方、権力の中心が王へと推移したことは、家族や氏族というローカルな共同体の結束力を弛緩させ、またそれに伴って、都市国家以外に帰属先を持たない多数の「民衆《デーモス》」の発生を促した。そして、都市国家と国王の存在によって生み出された、民衆という新たな階級は、都市国家間で繰り広げられた数々の戦争を契機に次第に政治的発言力を強めてゆき、ついには逆説的にも、革命によって国王を打倒したのである。

都市国家の政治的主導権を握った民衆は、自分たちにとって都合の良い権力者として「僭主」を掲げ、これに支配権を委ねた。しかし、僭主による政治が意に沿わないものになると、これを退けて自ら政治へと参加し、しばしば直接的な「民主制《デモクラシー》」を敷いたのである。

現代の政治的イデオロギーに偏向した見方によって、古代ギリシャの民主制はしばしば過度に理想化して捉えられることがあるが、これは必ずしも正しい見解であるとは思われない。この制度は、個人に大きな自由を与えることによって都市国家に文化的な繁栄をもたらした反面、その成員が私利私欲に走る傾向を促進し、その共同体の活力と求心力を衰弱させる結果を招くことにもなったからである。そしてその過程で、共同体の中心となる「父」の姿もまた、次第に見失われてしまうことになった。

新たな「父」の探究

家族宗教における「父」というフィクションは、漸次的に拡大することによって、都市国家という大きな共同体を成立させた。しかし逆説的にも、その社会において生み出された「民衆」という新しい階級は、個人主義化の促進によって都市国家を弱体化させ、共同体における「父」の姿を喪失させてしまうことになったのである。

これ以降の古代の歴史では、「父」の形象の喪失によって社会の不安定化が増大する一方で、「新たな父」を求めるさまざまな思想的探究が行われることになる。そしてこのような探究の試みが、思想史のみならず、文学史や政治史の基本的なモチーフを形成しており、グノーシス主義という現象の発生もまた、このような背景を考慮に入れることなしに理解することはできない。すなわちグ、ノーシス主義とは、古代末期に見られた、「新たな父」を探求するさまざまな試みのなかの一つ、なのである。

古典古代以降から古代末期の期間に現れた「父の探究」のさまざまな形式は、グノーシス主義に対して深い影響を及ぼしている。そこで本章の以下の記述では、特にグノーシス主義の発生に直接的な影響を与えたと思われる三つの思想的潮流について、「父の喪失」および「父の探究」という見地から、その要点を押さえておくことにしよう。

2　プラトン主義的形而上学

ソクラテスの刑死

都市国家において民衆社会が成立し、民衆の一人一人が政治的主体性を獲得することに伴って、彼らの持つ知的好奇心もまた高まっていった。このような状況において活躍したのが、「ソフィスト」と呼ばれる職業的知識人である。彼らは、各都市国家における法や習俗の違いを観察して多くの知識を獲得し、ある種の文化相対主義的な態度を身につけるとともに、都市社会における大衆化という状況に対応して、それらの知識を金銭と引き替えに人々に売り渡すという活動を行った。民主制においては、弁論の巧みさによって民衆を説得するということが重要視されたため、ソフィストの教えはそのようなニーズに合致していたわけである。

都市国家アテネにおける民主制は、一時期はペルシア帝国の侵出を退け、ギリシャの覇権を手にしうるほどの隆盛を誇ったが、徐々に政治的な混乱を見せ始め、文化面においても爛熟した頽廃の様相を示すようになる。そしてソクラテス（前四六九頃〜三九九）は、このような時期のアテネに出現した愛国的な思想家の一人であった。その生涯に関する細かな経緯についてはここでは割愛するが、しかし周知のようにアテネの民主制は、卓越した思想家であり、また類い稀な愛国者であったソクラテスを、投票による評決によって刑死させてしまう。

魂の真実の故郷——イデア界

ソクラテスの強靱な思索と、彼の刑死という事件に強い衝撃を受け、そこから新しい思想的活動を開始したのは、哲学者のプラトン（前四二七〜三四七）である。彼の思想を根本において方向づけていたのは、ソクラテスの死にはどのような意味があったのか、より具体的に言えば、彼の魂は、死後にどこへ行ってしまったのか、という問題であった。

古代における従来の観念であれば、愛国者《パトリオット》ソクラテスは、まさに「父の土地＝祖国《パトリス》」であるアテネに埋葬され、彼の魂はその墓に眠るということになるはずである。しかし、誰よりもアテネを愛して行動しながら、それゆえにこそアテネの民衆によって殺害されたというソクラテス刑死の矛盾は、プラトンにソクラテスの魂が向かう場所、「魂の真実の故郷」を探究させることになる。

プラトンの中期の著作である『パイドン』は、「魂の不死」をその主題としており、死刑直前のソクラテスが獄中で弟子たちに対し、死の意味について論じるという構成が取られている。「哲学は死の練習である」（80E）という有名なフレーズが見られるこの対話篇では、哲学的訓練を受けた人間の魂がたどる行く末と、そうでない魂の行く末が対比的に描かれる。

すなわち、生前に哲学的訓練を受けておらず、肉体と魂を分離させる方法を知らない人間は、肉体的な快楽を忘れることができないため、死んだ後も「食べたり飲んだり」しようとする。また、その魂は肉体の重みに引かれて可視的世界を離れることができず、「石碑や墓のまわりをうろつく」（81D）のである。

プラトンのこうした主張は、どのような意味を持っているのだろうか。それは、死者の魂が普段は墓のなかに住まい、「供犠」の儀礼の際には墓から呼び出され、子孫たちと食卓を囲むことができるという、古代ギリシャの伝統的霊魂観に対する痛烈な批判として理解することができるだろう。哲学を知らない凡人の魂が、その死後も食物や肉体や墓という物質的なものに執着し続けるのに対して、哲学者の魂は、「神的で不死で叡知的なものの世界へと去ってゆく」（81A）とされる。

プラトンの主著である『国家』に記された「洞窟の比喩」（514A-）においても、古代的信仰への批判が反復されていると考えられる。ここでプラトンは、現実世界に生きる人間たちを、洞窟のなかに縛りつけられた「囚人」に喩える。洞窟の内部では火が燃えており、そして囚人たちは、洞窟の壁面に映る影絵のような光景を、実体を持つもののように思い込んでいるのである。プラトンの表現はあくまで比喩的なものなので、断定することは難しいが、アテネの市民たちの多くはこの記述を読んで、その中心に「聖火」が据えられた都市国家の生活を思い浮かべたのではないだろうか。そしてプラトンによれば、灯された火を崇拝するような都市国家の生活は、洞窟に住まう囚人のように、盲目的で幻影的なものなのである。

「洞窟の比喩」によってプラトンは、かすかな炎が照らし出す幻影を追うような生活から脱却し、太陽のようなより明るい光を求めるべきである、ということを主張している。暗闇に目の慣れた者にとって、明るい光に身をさらすことは当初は苦痛でしかないが、その困難を引き受けることのできる者こそが、「哲学者＝知を愛する者」であると論じられる。

こうしてプラトンの世界観においては、哲学者の魂は、よりまったき光の世界、永遠で知性的な世界である「イデア界」へと帰昇する、と語られている。次章で見るようにグノーシス主義の体系においては、人間の魂が「プレーローマ界」という「光の世界」に由来すること、そして最終的にはそこに帰るということが繰り返し語られるが、魂の真実の故郷として超越的な世界を想定するという観念は、その大枠をプラトン哲学から継承したものと考えることができる。

「父」なる造物主による、世界と人間の創造

プラトンの後期著作である『ティマイオス』では、形而上学的な理論に立脚しつつ、世界の創造過程について論じられている。簡単に言えばこの著作でプラトンは、万物の「始源《アルケー》」としてイデア界という超越的な世界が存在しており、そしてこの可視的世界は、イデア界の形相に倣って制作さ

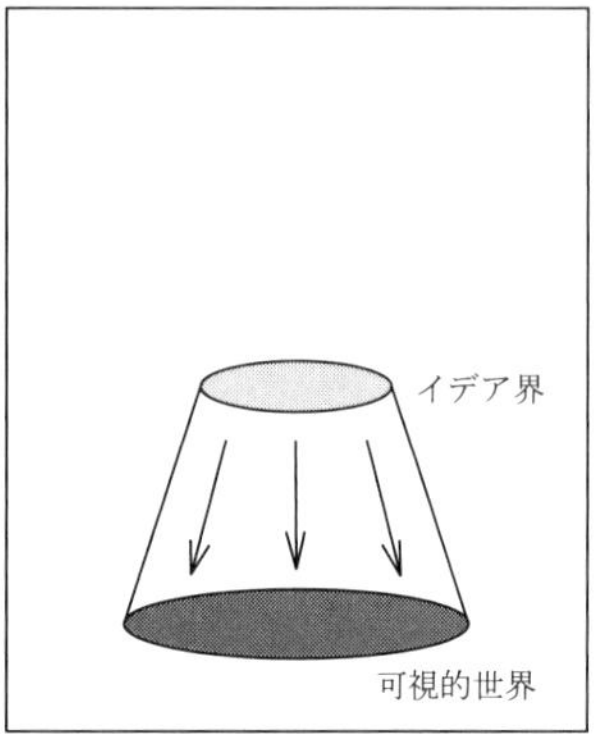

図1

れた、という創造論を展開するのである（図1）。

『ティマイオス』では、世界を創造した存在として、「造物主《デミウルゴス》」という神格が登場する。そしてプラトンは造物主を、「万有の造り主であり父である存在」（28C）と呼んでいる。造物主とは言わば、プラトンが見出した「新しい父」であると考えられる。それは、家族や都市国家にとっての「父」という存在を超えた、普遍的で超越的な「父」なのである。

父なる造物主は、イデアの秩序に倣って、恒星天の神々、惑星天の神々、大地、各種の生き物、そして人間を創造する。特に人間が創造される際には、その肉体は星辰の神々がこれを作り上げたが、魂そのものは造物主が自ら制作した、と述べられている。それゆえに人間は、「神々にも等しきもの」、「不死なるもの」（41C）となるのである。また、プラトンの他の著作においては、人間の生きる目的が「可能なかぎり神に似たものとなること」であると規定されている（『テアイテトス』176B、『国家』613B、『法律』716D等）。

イデア界の似像として物質的世界、神に似たものとしての人間——。この世の存在は、超越的な存在の「模倣《ミーメーシス》」によって造られたその「似像《エイコーン》」であるとするプラトンの理論は、アレクサンドリアのフィロン（前二五頃～後四五頃）のようなユダヤ教哲学者や、キリスト教教父たち、さらにはグノーシス主義に対して深い影響を与えている。ちなみにプラトンは『ティマイオス』のなかで、造物主が善なる者ではなく、悪しき者であったかもしれない、という可能性についてほんの少し言及してみるものの、すぐにそれを否定している。なぜなら、この世界が善美なるものとして存在しているという事実は、造物主が「優れた善き者」(29A)であり、「嫉妬心とは無縁」(29E)であることを、何よりも明瞭に証し立てているのだから、と。プラトンが言下に退けたこのような可能性を、グノーシス主義は旺盛に探究してゆくことになるのだが、それについては後に論じることにしよう。

「不動の動者」としての父

プラトンの没後、紀元前四世紀以降の時代には、プラトンに連なる学派哲学、いわゆる「プラトン主義」の哲学が発展した。プラトン主義の哲学においては、プラトンの著した対話篇や、アカデメイアの講義で語られたと言われる「不文の教説」を基礎に、その学説を体系化することが試みられている。

プラトン主義哲学の多岐にわたる活動については、特に思想史家ジョン・ディロンの記念碑的著作『中期プラトン主義』を参照していただきたいが、ここではその一例として、代表的なプラトン主義者の一人であるアルビノス(後二世紀、生没年は不詳)が著した『プラトン哲学要綱』という著作を取り上げ、その神論を見ておくことにしよう。

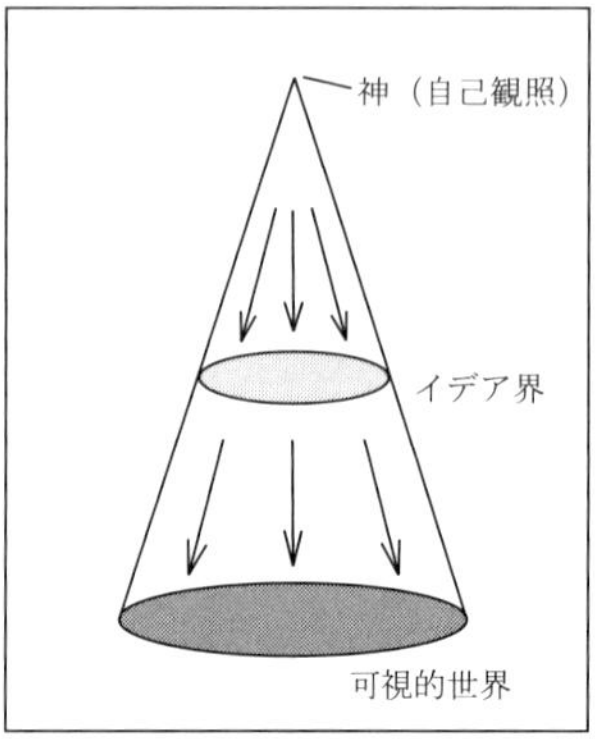

図2

すでに見たようにプラトンは、イデア界に倣って可視的世界を創造する造物主《デミウルゴス》を「神」あるいは「父」と称していたが、後のプラトン主義の展開においては、神のより超越的で静態的な性質が強調されるようになった。そのために考案されたのが、「否定神学」という叙述方法である。すなわち、イデア界を統《す》べる神は、イデア界自体を超越していなければならない。父なる神は、単に「真・善・美」というイデアに適う存在であるのみならず、それを越えていなければならないのである。すなわち、「善は神の属性ではない。そうであれば神は、善性に与ることによって善であることになってしまうからである」(165.9)。アルビノスは、神について直接語ることはできず、あらゆる「属性を捨象することが神を思惟するための第一の方法である」(165.17) と記している。

このように、アルビノスにおいて「父なる神」とは、イデア界を超越し、自分自身からイデアを生み出す存在である。それでは神は、どのような仕方でイデアを生み出すのだろうか。

この点について思想史的に重要な役割を果たしたのは、プラトンの弟子であり、その批判者でもあったアリストテレス（前三八四〜三二二）が提唱した、「不動の動者」という観念である。アリストテレスは『形而上学』一二巻において、神的知性とは最善なる者であり、そしてその思惟が最善であるためには、最善な者である自分自身を、永遠に思惟し続けなければならない、と主張している。

神は自分自身を思惟したままの不動の状態で存在しており、そして世界は、そのような神の存在を目的として運動を続ける。すなわち神とは、自らは不動のままで世界全体を運動させる、「不動の動者」なのである。

アルビノスは、アリストテレスのこの考え方を取り入れ、絶対的な超越者である神が、「自分自身について思考する」ことによってイデアを生み出す、と規定した。そして可視的世界は、神の思考であるイデアの秩序に倣って創造される。アルビノスはこのような二段階の創造論を構築することによって、プラトン哲学の体系化を進めたのである（図2）。

新プラトン主義の神秘哲学――「父」と「娘」の合一

こうしてプラトン主義の思想においては、プラトン自身が構想したイデア論から、イデア自体を生み出す「超越的な神」の存在が析出されることになった。それでは果たして人間の魂は、優れて超越的な存在である「父なる神」とどのような関係を持つことになるのだろうか。このような主題について回答を与えようとしたのが、プロティノス（後二〇五頃〜二七〇）の思想を代表とする、いわゆる新プラトン主義の哲学である。

プロティノスは、世界の形而上学的な階層構造を、「一者」、「知性」、「魂」の三層によって成り立つものと規定した。すなわち、「一者」とは超越的な至高神であり、あらゆる実定性を超越しているゆえに、かろうじて「かのもの」と呼ぶことが許される存在である。そして、その語りえない

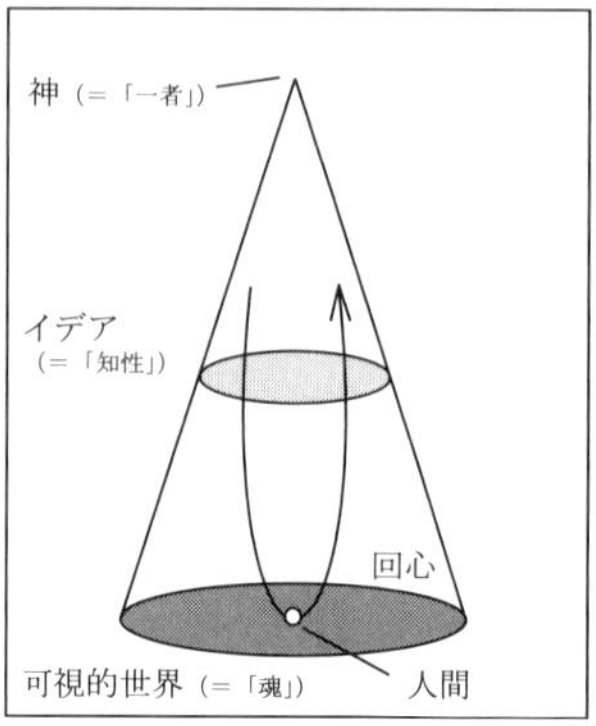

図3

一者が自分自身を振り返ることによって、そこから「知性」＝イデアが流出する。知性とは、一者を原型とするその似像なのである。さらに知性からは、それを原型とした似像である「魂」が流出する。魂は可視的世界に住まう存在者であり、可視的世界の運動を秩序づける形相となるのである。こうして一者、知性、魂のあいだには、それぞれ上位のものを原型とする模倣的関係が存在すると規定されている。

プロティノスもまた、一者をしばしば「父」と称し、さらには、知性を介して一者から生み出された魂を、その「娘」であると呼んでいる。「娘」としての魂は、かつては「父」である一者のもとにいたが、「自分を自分だけのものにしようと欲した」（『エネアデス』V.1.1）ために、そこから離れて生成の世界へと落下してしまった。そして娘なる魂は、地上でさまざまな仮初めの愛欲に翻弄されながら、その過程で次第に真実の愛に気づくようになる。すなわち、魂の内部には一者の像が刻み込まれているため、魂は自分自身を振り返り、「回心」することによって、父への愛情を想起し、一者への帰昇の道をたどるのである。そして、その認識的道程の終極において、父と娘は、「わたし」と「あなた」の区別さえ消え失せてしまう完全なる合一を果たす（図3）。

そこに見ることができるのは、見ることが許されるかぎりの、かのものであり、また自己自身なのである。その自己自身は、知性的な光明に満たされて、光輝く自己自身であり、あるいはむしろ光そのものとなって、清らかに、軽やかに、何の重荷もなく、神と化したというよりは、むしろすでに神であるところの自己自身なのである。

（『エネアデス』VI.9.9）

「父なる神」が自分自身を振り返ることによって拡大した世界は、「娘なる魂」が自分自身を振り返ることによって収束に転じる。そして最終的には、「父」と「娘」の合一という結末を迎えるのである。

プラトン主義とグノーシス主義の共通性

本節では、ソクラテスの魂が果たしてどこへ去ったのかというプラトンの問いから始まり、「魂の真実の故郷」を追求するプラトン主義思想の展開を概観した。可視的世界の原型となるイデア界の存在、イデア界を生み出した超越的な至高神の析出、さらには、人間の魂が至高神のもとへと帰り着き、それと合一するという神秘哲学——。このように整理してみれば、プラトン主義とグノーシス主義の体系は、その大枠において非常に似通ったものであることが分かるだろう。理想的世界の「影」のようなものとして存在している地上の世界へと落下した人間の魂が、どのような仕方で上位の世界へ、また「父」なる神のもとへ帰ることができるのかということを、両思想はその中心的主題としているのである。

グノーシス主義がプラトン主義から深い影響を受け、それをある仕方で「換骨奪胎」したものであるということは、疑うことができない。例えば、ヘルメス思想においてプラトン主義とグノーシス主義がかなりの程度混淆しているように、あるいはナグ・ハマディ文書のなかにプラトンの『国家』の断片が含まれているように、おそらく両者はある時期において、互いの区別が定かでなくなる地点まで接近したとさえ考えられる。

とはいえ、新プラトン主義者であるプロティノスの著した論文のなかに、グノーシス主義への激しい論駁が含まれていることなど（『エネアデス』II.9）、両者のあいだに鋭い対立が存在していたということも、見逃すことができない事実である。われわれは両者のあいだの大きな共通性を踏まえた上で、あらためてその差異について確かめなければならないだろう。

しかし本章では、その前に、グノーシス主義の前提として踏まえておくべきあと二つの思想の内容について、簡単に触れておくことにする。

3　ストア主義的自然学

ストア哲学と「帝国」

古代の哲学において、プラトン主義と並び立つもう一つの学派哲学は、ストア派の思想である。

ストア哲学は、プラトンの時代からおよそ一〇〇年後、マケドニアによる支配を受けていたアテネにおいて、ゼノン（前三三五〜二六三）によって創始された。

アレクサンドロス大王（前三五六〜三二三）による支配を被って以降、ゼノンが活動した当時のアテネは、すでに政治的な独立性を喪失していた。『国家』という著作に見られるように、その基本的な方向性が「都市国家《ポリス》の再興」に向けられていたプラトンの哲学とは異なり、ストア哲学はその当初から、都市国家の枠組みを超えた世界性や広域性を志向していたと考えることができる。

実際にストア哲学は、その誕生の地であるギリシャよりもローマにおいて積極的に受容され、ローマ帝国による政治支配を支える思想的下地を提供するようになる。形而上学的な階層構造を想定せず、万人が平等で普遍的な理性を備えていると考える「世界市民《コスモポリテース》」という発想は、多地域・多文化にまたがる広域支配を行うローマ帝国にとって、その需要に見合うものであった。

ストア主義の自然学

超越的な世界への上昇志向を基調とするプラトン主義的「形而上学（meta-physics）」に対して、ストア主義の哲学は、超越を前提としない「自然学（physics）」であり、万物が流転し続ける円環的構造をその世界観の基調としている。そして、世界の生成変化におけるもっとも根本的な原理は、「造化的な火」＝エーテルという存在である。エーテルの円環的な運動法則が、ストア主義における世界生成の原理となる。また、ストア主義は基本的に唯物論ではあるものの、エーテルはしばし

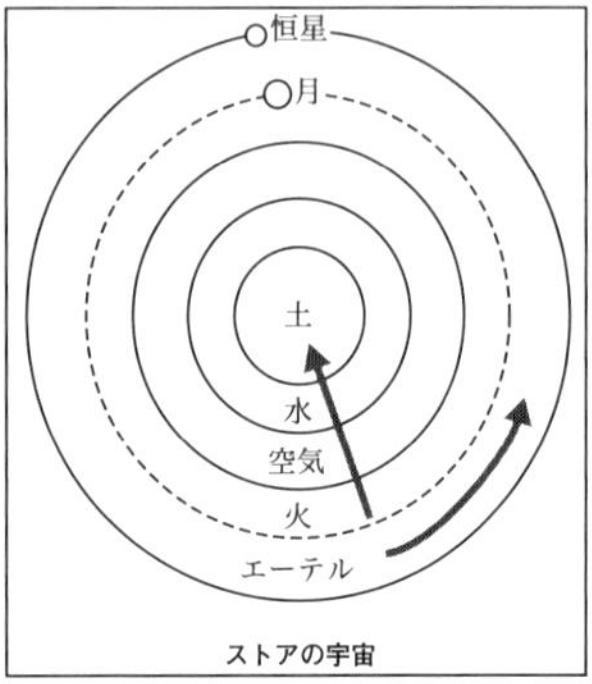

図4

ば「神」とも称されている。むしろストア派の観点からすれば、一般に「神」と呼ばれているものは、エーテルに導かれた生成変化の流れとして捉えられることになるのである。

原初的な存在であるエーテルは、能動的に自己運動し、「土・水・空気・火」の四つの「元素《エレメント》」へと分化する。月より上部に存在する星辰の世界は神的なエーテルに浸されており、それゆえに重力の影響を免れた恒久的な回転運動を行うのに対して、月下の地上世界は、これら四つの物質的元素によって形作られる。人間が住まう地上世界は、このようにして生み出されたのである（図4）。

ストア派の宇宙論によれば、二万六〇〇〇年という一定の周期を経て「世界大火」が発生することにより、諸元素に分化した世界は燃え尽きて、原初の「造化的な火」へと還元されると考えられている。しかし、「造化的な火」は再び諸元素への分化を開始し、このプロセスは永遠に続いてゆく。世界は「永劫回帰」するのである。

運命愛と無情念

世界のこのような生成変化を司る法則は、「ロゴス」と呼ばれる。そして、世界がロゴスにしたがって運動し、有機的な統一を保っているのは、神的エーテルに由来する「プネウマ（霊）」が世界に偏在しているためであるとされる。

同時にプネウマは、人間の魂や理性の原理でもある。そして人間は、自身に内在する理性によってロゴスの働きを知り、自然的必然性＝「運命」にしたがって生きなければならない。このように、「運命愛」がストア的倫理学の基調となる。

反対に、自然的必然性について無知であり、運命の法則に反した生き方をすることから、喜怒哀楽を含むさまざまな「情念《パトス》」が生まれる。ストア主義において理想とされるのは、これらの情念に左右されない、「無情念《アパティア》」の状態を保つ生き方である。現代において「アパシー」と言えば、一種の病的な無気力状態のことを指しているわけだが、古代ストア主義においてはそうではなく、精神の理想的な平衡状態を意味していた。

それでは具体的に言えば、人間はどのような出来事に感情を左右されてはならないのだろうか。ストア哲学の文献で主に指摘されているのは、まず何より種々の快楽や世俗的な幸福、さらには人間の生死に関する事柄である。

この章で述べてきたように、古代社会の人々は、家族的系譜を存続させることを何よりも大切にしてきたのであるが、そのような事柄に心を悩ますこともまた、ストア的理想からは外れていると論じられる。子孫を残すことに苦労し、一族の名を継承させることにどれだけ意を尽くそうとも、自然界の法則から見ればすべてはいずれ滅び去り、また回帰してくるのだから、と。

このようにストア主義的な見地からすれば、それまでの家族的共同体や都市国家において重視されてきた価値観や道徳は意味をなさず、また、社会的地位や貧富の差、民族の違いは、本質的なものとは考えられない。むしろ、世界はロゴスによって支配される一つの巨大なポリスであり、あらゆる人間は、コスモスというポリスに住まう者＝「世界市民《コスモポリテース》」であると見なされる。

星辰崇拝と皇帝崇拝の結合

ストア主義的自然学は、ローマの政治的イデオロギーと直接的に結びつくものではなかったものの、少なくとも多分に親和的であった。その第一の点は、先に述べたストアの「世界市民」的な発想である。ストア的なコスモロジーとその倫理学は、一つの都市国家の範疇を越え、異なる民族や宗教を包摂しながら展開したローマの政治支配と適合的であり、キケロ（前一〇六～前四三）やセネカ（前四頃～後六五）といった有力な政治家や、五賢帝の掉尾を飾るマルクス・アウレリウス帝（後一二一～一八〇）が、ストア思想の重要な担い手となったことは広く知られている。『自省録』という著作は、広大なローマ帝国の版図を維持するための戦いに追われるアウレリウス帝が、ストア哲学的な運命愛や世界市民の理想を語ることにより、自己の行いを内省するという内容になっている。

そして第二点には、ストア主義のコスモロジーにおける星辰崇拝が、ローマ帝政における皇帝崇拝と次第に一体化していった、ということが挙げられよう。

ローマにおける「インペラトル」という存在は、当初は単に「軍事的な指導者」を意味していたが、ユリウス・カエサル（前一〇〇～前四四）の殺害という事件を切っ掛けに、「宗教的な権威者」としての威光をも帯びるようになる。すなわちオクタウィアヌスは、殺害されたカエサルの名を継承することによって、初代皇帝としての「アウグストゥス（尊厳者）」となったが、その臨終時の肩書きは、最高司令官《インペラトル》、カエサル、神の子、大神祇官長、国父、等であり、政治的権力と宗教的権威を一身に体現していた。元老院から与えられた名誉称号である「国父（パテル・パトリアエ）」という表現に端的に見られるように、皇帝とは、帝国という形態の国家によって要請された「新たな父」なのである。

　アウグストゥスは、帝国内の風紀紊乱を戒めるために国家祭儀の復興に務め、「平和の祭壇」を築いてカエサルの神格化を行った。このような皇帝礼拝の動きは、帝国属州、特に王政に対して馴染みの深かった東方地域で盛んになっていったことが知られている。また、ウェルギリウスやオウィディウスといったラテン詩人たちは、星辰界の神々しさを賛美するとともに、皇帝が死後、神として星辰界に上昇したということを謳《うた》っている。そして、すでに見たようにストア主義は、エーテルに満たされた世界として星辰界に神聖性を認めていたため、このような点からも、ストア的コスモロジーとローマの皇帝礼拝のあいだには、強い親和性が存在したわけである。

　ストア派の自然学に基づく精緻なコスモロジーや運命論は、先に見たプラトン主義、そしてグノーシス主義の体系に対して、深い影響を及ぼしている。古代末期の思想状況においては、さまざまな思想が相互に混淆していたわけだが、すでに中期プラトン主義の段階において、プラトン主義とストア主義は、しばしば両者を区別することが困難になるほどの融合を見せていた。そしてグノーシス主義は、このような思想において発展していたコスモロジーを前提としつつ、別種の方向へと思考を展開することになるのである。

4　混淆主義的変身譚

父なき時代

これまで本章では、古代社会における「父」のあり方とその衰退を論じ、次にプラトン主義的形而上学において、この世を超えた「超越的な父」が、さらにはローマの政治思想において、ストア主義的宇宙論と結合しつつ「皇帝という父」が生み出されたということを概観してきた。特に後者の理念に基づくローマ帝国の成立によって、地中海世界は一つの政治的共同体となり、諸文化の活発な交流が行われるようになった。「ローマの平和」と呼ばれる安定の下で、その世界は未曾有の経済的・文化的繁栄を達成したのである。

しかしこのような状況において、皇帝という存在が「父の形象」として十分に機能するものであったとは言い難い。先に述べたように皇帝とは、古代社会においてもっとも基礎的な存在であった「父」、すなわち家族共同体における「父」が衰退し、断片化された個の集合体である「民衆」が都市に発生するという事態を背景に、これらの階層の支持を受けて生み出されたものであった。皇帝が、政治的権力と宗教的権威を一手に掌握したきわめて強力な存在であるかのように見えようとも、彼は常に民衆からの支持を必要としており、その意味において皇帝は、あくまでも「僭主」の一形態にすぎなかったわけである。

俗に「パンとサーカス」と言われるように、民衆は皇帝に対して自らの欲望を満足させることを常に要求し、意に沿わないと見るや彼をその地位から引きずり下ろした。こうして、権力の一元化が進行する一方で、民衆が私利私欲に走る個人主義的傾向もまた、著しく加速していた。

さらに、帝国が外部の世界へと侵出してゆくことは、当然のことながら、その地域における「父」、「王」、「神」といった、伝統のある宗教的・文化的諸制度を破壊することになった。またこうして、その地域に根差すための制度的基盤を喪失したさまざまな神話や物語は、むしろ芸術的鑑賞や娯楽の対象として、広く流通するようになる。「父」という制度的な頸木《くびき》が外された状況にあって、諸文化は、ある種の開放感と軽やかさを獲得し、さまざまな仕方で相互に混淆するようになったのである。ある意味においては、近年流行した「ポストモダニズム」と呼ばれる現象と似通った状況が立ち現れていた、と見ることもできるだろう。

性愛論の隆盛

後に詳しく述べるように、人間という存在は、「他者からどのように見られているか」ということを常に計算に入れながら、自らの振る舞いを決定している。そして、社会において「父」の形象が十分に機能している場合には、人間は「父」というフィクション、この「虚構の人格」から見て自分がどのように映るかということを基準にしながら、自らの振る舞いを決定すると言うことができるだろう。具体的に言えば、古代社会における家族宗教の場合には、祖先崇拝を継続するために「家」を存続させること、そしてそのために結婚して子供をもうけることが、何よりも重要な事柄であり、個々人はそのような規範——言わば「父の視線」——に照らして、自らの振る舞いを律していたのである。

しかし、古代末期の社会において「父」の機能が全般的に弱体化すると、人が意識する「他者の視線」は、細分化と断片化を余儀なくされる。「父」という制度が個人を規制する度合が薄れることにより、個人は「父」という「大きな他者」ではなく、むしろ周囲の「小さな他者たち」の視線をいっそう気にかけるようになり、彼らと直接的かつ放恣に交流するようになるのである。

こうして古代末期の世界においては、性愛論が活発に語られるようになってゆく。すなわち、人と人との関係性が定型的なものではなくなったため、より流動的で繊細な、そして情念的な交流が前景に現れるようになるのである。男女の交流もまた、結婚や出産を目的とした定性的なものから、しばしば倒錯的なものをも含む「性愛の快楽」を重視するものへと変化していった。

このような時代的変化を深く反映した人物として、ここではラテン詩人のオウィディウス（前四三〜後一七）に注目したい。オウィディウスはアウグストゥスの同時代人であり、その著作のなかでしばしばカエサルとアウグストゥスを賞賛している。先に述べたように彼は、カエサルの魂が死後に星辰界に昇り、息子アウグストゥスを見守っていると記して、皇帝という存在の神格化に一定の寄与を果たしたのである。

しかしながら、その代表作である『恋の技法』や『変身物語』といった著作を全体として読み解いた場合に、その大きな特徴として認められるのは、性愛に関する事柄がきわめて赤裸々に語られているということである。現にオウィディウスは、国内の乱れた風紀を粛正するという政治的な方針から、敬愛するアウグストゥスによって、黒海沿岸の都市トミスに追放されるという憂き目にあっている。

『恋の技法』は、まさに性愛論を主題とした著作であり、パロディやアイロニーの要素に富んでいるためにその記述のすべてを文字通りには受け取れないものの、性愛に関する直截な筆致を特色としている。オウィディウスの手にかかれば、戦争や裁判でさえも新しい恋が芽生えるための切っ掛けの一つでしかなくなり、また恋愛の対象についても、人妻であろうと奴隷であろうと、身分の垣根が軽々と乗り越えられるのである。

この著作は、どうすれば人は恋愛を巧みに成就できるのかということを、その主題として掲げている。すなわち、恋愛の際の「粋《いき》な振る舞い方」、恋愛にふさわしい自己像の鍛錬が、その主題となるのである。この意味において『恋の技法』という著作は、性愛という事柄をめぐる自己省察の一形式である、ということになるだろう。そこには次のような一節が見られる。

かように私が歌っていると、突如としてアポロが現われ、黄金ずくめの手琴の弦を親指でかき鳴らした。手には月桂樹を持ち、神聖なる髪にも月桂樹が飾られていた。かれは詩人として姿を現わし、近づいてきた。かれは私に言った、「淫奔なる、愛《アモル》を説く師よ、いざ、おまえの弟子たちをわが神殿に導き来たれ。各自おのれ自身を知るべしと命ぜるかの文字、かの世界にあまねく知れわたりたる文字のあるところへ。おのれ自身を知る者にして、はじめて賢明なる愛はおこないうべし。」

（『恋の技法』第二巻）

ナルキッソスとエコー

「性愛」という、他者との深い情念的交流を成し遂げるためには、私はどのような姿を呈し、どのように振る舞えばよいのだろうか――。このような事柄が、オウィディウスの文学にとって中心的な主題となっている。そしてこの主題は、彼の主著である『変身物語』において、人間同士のみならず、神々や英雄、精霊たちをも含んだ情念的交流の物語として、多彩な展開を見せる。世界の創造からローマ帝政の時代にまで至る歴史の経緯を、オウィディウスは、神々と人間たちの情念の交流、そしてそれに伴う「外見の変容《メタモルフォーシス》」の物語として描き出すのである。

全一五巻におよぶ『変身物語』は、ギリシャやローマ、オリエントに由来する約二五〇もの神話的物語を、「変身」というモチーフを軸に一つの作品として巧みに編み上げた作品である。そのなかでももっとも有名なエピソードは、第三巻に収められた「ナルキッソスとエコー」の物語だろう。

その物語の概略は、次のようなものである。

河神ケピソスの子であるナルキッソスは、幼くして妖精《ニンフ》たちに愛されるほどの美しさを備えた男の子であった。この子が老年まで生きられるかどうかを尋ねられて、予言者テイレシアスは、「みずからを知らないでいれば」という、謎めいた言葉を返す。成年に達し、いっそう美しくなったナルキッソスに対して、多くの若者や娘たちが言い寄ったが、思い上がりの強かった彼は、その誰に対しても目を向けようとはしなかった。

そのなかで、ナルキッソスをことのほか深く愛したのは、美しい声を持つ木霊《こだま》の妖精エコーであった。エコーはナルキッソスの声を繰り返すことによってその心を捉えようとするが、ナルキッソスは彼女をも拒絶する。そして、これに傷ついたエコーは次第にやせ衰え、声の「響き《エコー》」だけの存在になってしまうのである。

ナルキッソスに蔑《さげす》まれた者たちは、復讐の女神に「あの少年も恋を知りますように、そして恋する相手を自分のものにできませんように」と懇願する。女神はこの願いを聞き届け、そして彼女の呪いによってナルキッソスは、泉に映った自分自身の存在を知り、その姿に恋をしてしまう。実体のないその映像に深く魅せられ、彼は泉の畔《ほとり》で身動きが取れなくなる。

最後にナルキッソスは、自分の愛していたものが自分自身の姿であることに気づくが、あまりに近すぎる存在であるがゆえに、それが手に入れられないものであることを悟り、狂乱の内に死を遂げる。ナルキッソスの体は消え、泉の畔には美しい水仙《ナルキッソス》の花と、彼の最後の言葉である「さよう

図5　エコーとナルキッソス
(J. W. Waterhouse. © National Museums Liverpool, Walker Art Gallery)

なら！」という響き《エコー》が残るのみであった。しかしナルキッソスは、死して下界に迎えられてなお、冥府の河に自分の姿を映し、それに見惚れていたのだった。(図5)

アクタイオーンとディアーナ

同じく『変身物語』の第三巻から、印象深い物語をもう一つ紹介しておこう。それは、青年アクタイオーンと女神ディアーナという、二人の狩人の物語である。ディアーナは森の女神であり、妖精たちを供として引き連れて、森で狩りを楽しむ。そしてそれに疲れると、森の奥深くの洞窟にある泉で水浴し、体を清めるのである。

しかしある日、青年の狩人であるアクタイオーンがその場所に迷い込み、不意に女神の裸体を目の当たりにしてしまう。取り巻きの妖精たちが驚きの悲鳴を上げ、その裸体を包み隠そうと慌て騒ぐなか、女神ディアーナは羞恥のあまりにその肌を真っ赤な「曙《アウロラ》」の色合いに染めながら、アクタイオーンに次のように告げる。「裸のわたしを見たといいふらしてもいいのですよ。ただし、そうすることができたらね」。

その言葉とともに泉の水を浴びせられたアクタイオーンの姿は、すでにメタモルフォーシスを始めている。頭には角が生え、耳の先が尖り、全身にはまだらの毛が生え出す。彼は激しい恐怖に捕らわれてその場から逃走する。逃げのびたアクタイオーンは、水面に映る自らの姿を見つめ、それが一頭の鹿に変わっていることに気づく。思わず漏らした「何と惨めな！」という嘆息の言葉もまた、すでに動物の呻《うめ》き声になっている。こうして鹿に変容したアクタイオーンは、自らの狩りの供である犬たちに発見され、その牙によって肉を引き裂かれてしまうのである。

自己像の変容——性愛と攻撃性

オウィディウスが描き出す、神々のメタモルフォーシスの物語に傾倒した現代の作家として、ピエール・クロソウスキー（一九〇五〜二〇〇一）という人物がいる。クロソウスキーは、その著作『ディアーナの水浴』において、オウィディウスの簡素な筆致で描かれたこの物語について詳細な思弁を展開し、それを「欲望の交感」に関する一つの範型へと仕立て上げている。その内容を、簡単に参照しておこう。

クロソウスキーはこの著作で、神であるディアーナと人間であるアクタイオーンが、あくまで非対称的な存在であることを強調する。一方で神であるディアーナが、永遠の命を持ち、欲望に捕らわれることがなく、その姿が不可視であるのに対し、他方で人であるアクタイオーンは、その命に限りがあり、絶えざる欲望に駆り立てられ、色と熱と重みを帯びた肉体を有している。このような両者のあいだに、一体いかなる「交感」が発生しうるというのだろうか。

クロソウスキーはここで、水浴するディアーナを浸す「泉の水」に目をつける。泉の水面は、本来は不可視であるはずの女神ディアーナの身体を映し出し、またそれによって、彼女に対してある欲望を喚起する。すなわちディアーナの心のなかに、自らの美しい裸身を見せ物として衆目にさらしてみたいという淫蕩さが、密かに芽生えるのである。

そしてクロソウスキーの読解によれば、森の深奥の洞窟にある泉とは、実は同時にアクタイオーンの心の奥底をも意味している。ディアーナを待ちかまえる狩人のアクタイオーンは、心の奥底で彼女の美しい裸身について想像をめぐらせ、それを欲望しているのである。

こうして、「水面のイメージ」を媒介にすることにより、神と人とのあいだに欲望の交感が生じる。神的な不死性、不可視性、無情念性と、人的な可死性、可感性、情動性という、本来交わることのない二つの次元が、「水面のイメージ」を介して交錯するのである。

ナルキッソスやアクタイオーンの物語のみならず、オウィディウスの『変身物語』では、「水面のイメージ」がしばしば重要な役割を果たす。物語の登場人物たちは、それによって自己の姿を知り、ナルキッソスのように自らそれを愛してしまったり、他者を魅了するために意図的にその姿を変えたりする。あるいはアクタイオーンのように、女神の裸体をのぞき見たために呪いによって姿を変えられ、自己の変わり果てた姿を水面のイメージによって知るとともに、変容したその姿ゆえに自分が連れていた猟犬に襲われる、という悲劇に見舞われるのである。

精神分析学の創始者であるジークムント・フロイト（一八五六～一九三九）が、ナルキッソスの神話から着想を得て「自己愛《ナルシシズム》」という概念を提唱したことは、あまりにも有名だろう。また、上述のクロソウスキーの思索は、フランスの精神分析家であるジャック・ラカン（一九〇一～一九八一）が、フロイトの「自己愛」をもとに「鏡像段階」や「想像界」という概念を練り上げた際に、深い影響を与えたことが知られている。

精神分析の知見によれば、自己愛とは、性愛的快楽と攻撃性という両価性《アンビヴァレンス》に引き裂かれた次元である。人は、自己の姿を見てそれを愛するとともに、他者からもそれが愛されることを強く望み、その姿を美しく見せることによって他者を魅了しようとする。しかし、根本において閉塞的なその愛の末路は、ナルキッソスのように出口のない自死に至る場合もあれば、その姿を不当に窃視する者、横から奪い去ろうとする者に対する激しい攻撃性として発露する場合もある。自己愛の甘美さの裏面には、死と攻撃性の棘《とげ》が隠されているのである。

古代末期の世界においては、「父」に関する明確な形象、すなわち、自己のあり方をそこに確認するための「大きな他者」の形象が見失われた。そして、各個人が自己同一性を喪失することにより、「わたしとは何か」という問いが盛んに探求されるようにもなった。「わたし」のあるべき姿とはどのようなものか、また、どのような「他者」の視線に合わせて自己像を形作ればよいのかということが、しきりに模索されるのである。オウィディウスの文学においても、このようなモチーフの存在を容易に見て取ることができるだろう。

しかしながら、オウィディウスの文学に代表される混淆主義的変身譚においては、無数の神々や妖精、そして人間たちといった「小さな他者たち」の複数の視線が絶え間なく流動的に交錯し、自己像は変容に次ぐ変容を重ねた結果、ときにその姿を消失させてしまう。それは、規範を失った神々と人間によって演じられる、性愛と攻撃性に満たされた混沌とした情景なのである。

グノーシス主義の登場

さて、本題の前置きとなる話があまりにも長くなってしまった。そろそろグノーシス主義の「前史」を閉じなければならないだろう。

しかし、読者に了解してほしいことは、グノーシス主義という思想を理解するためには、このような予備的な作業が必要不可欠のものだということである。これまで述べてきたように古代末期の世界では、ローマ帝国というグローバルな政治的共同体のなかで、さまざまな思想や文化が相互に深く混淆し、影響を与え合っていた。それゆえに、グノーシス主義の思想的な独自性やその機微を把握するためには、その周囲に存在していた諸思想の特徴と、相互の関係性を理解しておく必要があったのである。

本章では、グノーシス主義を生んだ古代末期の世界が、「父」を喪失した時代であったこと、またそれゆえに「父」の探究に乗り出した時代であったことを確認した。そして、「父」という「他者」、この人と人とを結びつけ、相互の関係性を設定する「他者」の存在を再び見出したいという潜在的な衝動が、本章で概観した三つの思想にもまた通底していたと考えることができるだろう。

プラトン主義においては、「父」はこの世をはるかに超えた存在、形而上的な存在として捉えられた。そして人間の魂は、父の住まうイデア的世界から、何らかの理由でこの世界に落下してきたその「娘」なのである。そして新プラトン主義においては、哲学的道程の終極として、娘なる魂が父と合一するという神秘主義的な、あるいは「近親相姦」的なモチーフが示された。それは「愛のイデア」と言うべき状態であり、このような至高至純な愛に比べれば、地上の愛は仮象のものにすぎないと見なされる。

ストア主義においては、一見したところ人格的な形象は排されており、唯物論的な自然学と、それに基づく運命論が支配的である。「運命にしたがって生きる」ことが人間の倫理の基盤と見なされ、愛や欲望に心を惑わされることがない「無情念《アパテイア》」という禁欲の理想が説かれる。とはいえ実際には、社会的地位や民族といった人為的区別を本質的なものと見なさない「世界市民」構想は、ローマ帝国の政治支配と適合的であり、「皇帝という父」の存在を背後から支えることになったのである。

オウィディウスの文学にその典型例を見る混淆主義的変身譚には、「父の喪失」という時代的状況がもっとも色濃く映し出されている。そこでは他者の姿が無数に細分化・断片化しており、「わたし」は小さな「あなた」と結合しようとして、激しい、しかし刹那的な、快楽と攻撃性に引き裂かれた性愛的情動を噴出させる。そして自己は、「小さな他者たち」からの視線を受けて、絶え間のない変容《メタモルフォーシス》を繰り返してゆくのである。

グノーシス主義は、このような思想的潮流が相互に蠢《うごめ》きあう世界に登場した。古代末期の世界では、失われた「父」の姿、そして、失われた「わたし」の姿を見出そうとする、さまざまな思想的試みが繰り返されていたわけである。

それでは、このような数々の思想的潮流が渦巻くなかで、グノーシス主義とはどのような運動として存在したのだろうか。ここではあえて、一言で言ってしまうことにしよう。すなわちグノーシス主義は、プラトン主義的形而上学、ストア主義的自然学、混淆主義的変身譚を内部に取り込み、それらの要素を縦横に紡ぐことによって物語を構築しながら、同時に、それらすべてに反逆するという「離れ業」をやってのけたのだ、と。

しかし、早急に結論に飛びつくことはまだ慎むことにしよう。次章ではまず、グノーシス主義の代表的な神話を二つ選択し、その内容について検討を行うことにする。

第2章　二つのグノーシス神話

代表的なグノーシス神話

それではここから、グノーシス主義の思想についての具体的な考察に入ることにしよう。本章では、グノーシス主義の代表的な神話を二つ取り上げ、その世界観の大枠を把握するとともに、前章で概観した諸思想との比較を適宜行うことによって、グノーシス主義の特徴について考察してゆくことにする。

序章で述べたように、広い意味において「グノーシス主義」の思想圏に含まれる神話や教説を数え上げてゆくと、その数はきわめて膨大なものになる。ここではそのなかから、ヘルメス選集の冒頭に収録された『ポイマンドレース』と、ナグ・ハマディ文書に三つ、ベルリン写本に一つの写本が残されている『ヨハネのアポクリュフォン』を取り上げることにしたい。

最初にこの二つの神話を取り上げるのには、次のような理由がある。グノーシス主義の文献のなかには、聖書の特定の箇所を取り上げてそれについて詳しい解釈を試みたものや、『トマスによる福音書』のようなイエスの語録集、あるいは『イエウの二書』という魔術的文献など、かなり特殊なスタイルで書かれたものが少なくない。それらと比較すると、『ポイマンドレース』と『ヨハネのアポクリュフォン』という文書では、世界の始源から終末に至るまでの歴史の全体像が、明瞭かつ簡潔な文体で描き出されている。それゆえに、グノーシス主義という思想の大枠を概観するのに適していると言うことができるだろう。

これらの文書が、いつ、どこで、誰によって書かれたのか、またどのような理由でヘルメス選集やナグ・ハマディ文書に収録されることになったのかという点については、それぞれの邦訳に付された解説文を参照していただきたいが、おそらくは二~三世紀にその原文が作り出されたということを除いて、詳細な事実についてはほとんどが不明な状態である。とはいえ、いずれも各写本集の冒頭に収められているということから、少なくともそれらの写本が編集された当時から、世界観が明瞭に描かれた神話として重要視されていたということが推測されている。

それでは、各神話のプロットを整理した後に、考察を加えてみることにしよう。

1 『ポイマンドレース』

神話のプロット

1……ポイマンドレースの出現

あるとき私が深い内省に入り込み、身体の諸感覚が停止すると、途方もなく巨大な人物が現れ、「おまえは何を聞き、眺めたいのか。何を知解して学び、認識したいのか」と尋ねてきた。あなたは誰なのか、という私の問いに対してそれは、「私はポイマンドレース、絶対の叡知《ヌース》である」と答える。そして、「存在するものを学び、その本性を知解し、神を認識したいのです」という私の願望に対して、ポイマンドレースはそれに応えることを了承する。

2……光と闇による世界生成

ポイマンドレースは姿を変え、私の前に「測り知れない眺め」を現出させる。最初に現れたのは「光」であり、すべては美しく、喜ばしかった。しかしやがて「闇」が垂れ下がり、それは次第に曲がりくねった「蛇」の姿を取る。闇は「湿潤な自然《フュシス》」のようなものに変化し、混沌たる様を見せ、哀訴の叫びを発していた。

3……ロゴスが世界に秩序を与える

するとそのとき、光からロゴスが到来し、フュシスの上に乗る。それによって、純粋な火が湿潤なフュシスから上へと立ち昇った。空気がそれに続いて上昇し、火からぶら下がる状態になる。その下では土と水が混じり合い、霊的ロゴスに従って動いていた。

4……「父なる叡知」と「子なるロゴス」

ここでポイマンドレースは、私が目にした光景が何であったかを解説する。それによると、原初の光は「父なる神」としてのポイマンドレース自身であり、ロゴスとは「神の子」である。ロゴスの力は、人間である私の内部にも宿っていること、そして、父なる叡知《ヌース》とその子であるロゴスの結合によって「命」が生まれることが語られる。

ダイナミックな世界生成の有り様を見て驚愕している私に、ポイマンドレースは、「お前は自分の叡知の内に、世界の原型を見たのだ」と告げ、さらに「神の意志がロゴスを受け、美なる世界（叡知的世界）を見てこれを模倣し、自分の元素と霊魂によって自ら（感覚的）世界となったのである」と教える。

5……造物主による惑星天の神々の創造

叡知としての神は、「父なる神」と称されてはいるものの、実際には両性具有の存在である。それゆえに神は、ロゴスと結びつくことによって造物主《デミウルゴス》を生み出した。造物主は、火と霊の神と称される。そして造物主は、感覚的世界を統治する七人の支配者として、惑星天の神々を造り出す。その支配は「運命」と呼ばれる。

すると、それまで自然の元素のなかに内在していた神のロゴスがそこから飛び出し、造物主と一つになった。こうして自然界からは、ロゴスが失われてしまう。造物主はロゴスとともに世界の円周を包み、これを永遠に回転させ続ける。そしてその回転運動によって、諸元素から「ロゴスを持たない生き物」が生み出された。

6……人間の創造

こうして世界が創造されると、次に父なる神は、自分の姿に等しい「人間《アントローポス》」を生み出し、これを自分の子として愛した。なぜなら人間は、父の「似像」として造られており、とても美しかったからである。父は自分の似姿を備えた人間を強く愛し、自分が創造したすべてのものを彼に委ねた。

7……人間の転落

こうして生み出された人間は、造物主の創造の業を観察し、自分も何かを創造したいと考える。父なる神は、これを許可した。そして人間は、全権を掌握するために物質世界の天球を訪れ、その世界を統治する七人の支配者たち（惑星天の神々）を観察する。すると彼らは、美しい姿をした人間に対して愛を抱き、自分に属するものを彼に分け与え始めたのだった。

次に人間は、星辰界と月下界の境目から下方を覗き込み、自然《フュシス》に対して神の美しい似姿を見せた。フュシスは、水のなかに映った人間の美しい映像を見てこれに微笑みかけ、他方で人間も自分の姿を見てこれを愛し、そこに住みたいと思った。するとその思いは現実のものとなり、彼は物質世界に住み着くことになってしまった。

フュシスは、転落した人間を全身で抱きしめて交わり、愛欲に耽《ふけ》る。こうして人間は、神的な性質（叡知）と物質的な性質（感情）という二重性を有することになったのである。

8……性の分化と交接の発生

人間と交わったフュシスは、支配者たちから分け与えられていた七つの性質に応じて、七人の人間たちを生み出した。これらの人間たちは当初、父なる神と同様に両性具有の存在であった。その肉体は物質の四元素によって構成されていたが、その形は依然として「神の姿」に倣っていたのである。

しかし、周期が満ちて万物の絆が解かれると、両性具有であった人間は切り離され、一方は男に、他方は女になった。これらの人間たちに対して神は、「もろもろの造られしもの、また被造物よ、殖えに殖え、満ち満ちよ。また、叡知を持てる者、自己の不死なることを、愛欲が死の原因たることを、しかして一切の存在せるものを再認識すべし」と告げる。

この神の宣告によって、交接と生誕に関する運命が定められた。すなわち、自分の叡知を認識する者が溢れるばかりの善に至るのに対して、愛欲の迷いから生じた身体を愛する者は、さまよいながら闇の内にとどまることになったのである。

9……叡知を持たない者の行く末

ポイマンドレースは、「神が光と命とからなることを学び、自らもこれらから成ることを学ぶなら、お前は再び命に帰るであろう」と教える。これに対して私は、「すべての人間が叡知を持ってはいないのですか」と問う。するとポイマンドレースは、諸感覚の働きを憎悪する言葉を述べた後で、「無理解な者、悪しき者、邪《よこしま》な者、妬む者、貪欲な者、人殺し、不敬虔な者は、私から遠く離れており、懲罰のダイモーンに委ねられている。このような者は大きな罰を受け、限りない欲望から休まることがなく、飽くこともなく闇の戦いを続ける」と答える。

次いで私は、「来るべき上への道について語って下さい」と願う。するとポイマンドレースは、物質的な身体は分解して見えなくなり、情熱と情欲は、ロゴスなきフュシスのなかに帰る、と告げる。さらに、七人の惑星天の神々（支配者）から受けていた「作用力」は、帰昇の過程においてそれぞれの源へと返還されるという。それらの性質は、以下の通りである。

第一の層――増減の作用
第二の層――悪のたくらみ、計略
第三の層――欲情の欺き
第四の層――支配の顕示
第五の層――不遜な勇気、敢えてする軽率
第六の層――富の悪しき衝動
第七の層――隠れ潜んだ虚偽

こうして人間は、惑星天の悪しき作用力から脱して、第八天（恒星天）に至る。そこにいる者たちは彼の到来を喜び、ともに父を賛美する。するとそこで、第八天のさらに上にいる諸力が、甘美な声で神を賛美しているのが聞こえる。神への賛美を終えた後、彼はさらに上昇し、それらの諸力に自らを引き渡して、神の内に到達する。再び神的なものとなることこそが、認識を有する人々の善き終極である、と語られる。
聞き手である私は、覚醒を受けたことを感謝し、ポイマンドレースに賛美の言葉を捧げる。

先行する諸思想の融合

『ポイマンドレース』の物語の概略は、以上のようになっている。この神話のプロットは、グノーシス主義の数々の物語のなかでは比較的シンプルな部類に入るものなのだが、それでもかなり込み入っていると言わなければならないだろう。

プロットを整理した上で最初に目につくのは、『ポイマンドレース』の物語のなかには、古代末期の世界に存在した諸思想に由来するさまざまなモチーフが、数多く取り込まれているということである。本書では第1章において、当時の代表的な三つの思想について概観しておいたが、そこで見てきた主なモチーフのほとんどすべてが、『ポイマンドレース』の物語のなかに取り入れられている。まずはそのことを確認してみよう。

すでに序章で触れたことだが、ヘルメス選集に収められた文書は全体として、プラトン主義的な神秘哲学をその世界観の骨格としており、そのことは『ポイマンドレース』でも同様である。すなわち、この物語の全体的構成は、プラトン主義的な「光の形而上学」によって成り立っている。

まず原初においては、「叡知的な光」としての至高神（ポイマンドレース）＝「父なる神」が存在する。光の世界、あるいは叡知的な世界は、至高神によって統治されており、人間の魂の「真の故郷」もまた、この世界にあると考えられている。そして物質的な世界は、このような光の世界を模倣することによって創造される。その際に登場するのは、プラトンの『ティマイオス』で描かれたのと同様に、「造物主《デミウルゴス》」という神格である。

また、「人間」は神の似姿として造られ、その叡知を神から継承している。人間はいったんは物質世界に転落してしまうものの、自らに内在する神的叡知に導かれることによって、父なる神の住まうイデア的世界に、再び帰昇することができる。しかし反対に、物質に由来する諸要素に支配され、感情や欲望に導かれると、自らの「真の故郷」を見失い、絶え間のない懲罰に身を捧げることになる。知に導かれるか、欲望に導かれるかによって、人間の行く末が二分されるという点についても、その大枠はプラトン主義と同一であると見ることができるだろう。

次に、ストア主義についてはどうだろうか。前章で述べたようにストア的な自然学は、グノーシス主義の発生以前においてすでにプラトン主義の体系と深く混淆していたため、グノーシス主義が当時流通していたプラトン主義の世界観を取り込んだ時点で、そこには不可避的にストア主義も混入することになったとも言いうるのだが、ともあれ『ポイマンドレース』の物語にも、ストア的なモチーフは多分に取り入れられている。

『ポイマンドレース』において物質世界の創造は、ロゴスが「自然《フュシス》」から「純粋な火」＝エーテルを立ち上げることによって開始される。そしてエーテルは、「火」「空気」「水」「土」という四つの元素に分化し、自然世界の構成要素となる。これらの物質の運動は、「ロゴス」の法則によって秩序づけられる。自然世界は、星辰界の神々に導かれることにより、恒久的な回転運動を続ける。また、物質世界は、普遍的な運動法則である「運命」によって支配されているのである。このように『ポイマンドレース』の記述において、物質世界がどのように秩序づけられるのかという点に関しては、ほぼ全面的にストア的な自然学が採用されていると考えられるだろう。

最後に、混淆主義的変身譚に示されたモチーフもまた、『ポイマンドレース』に深い影響を与えている。全体として言えばこの物語は、「神の似姿」を有する「人間」という存在にまつわる、変身譚の一つとして捉えることができるからである。

至高神によって生み出された人間は、神の似姿を備えているがゆえに、神から愛される。言わば人間は、神の「自己愛」によって生み出された存在なのである。しかし人間は、神からその自己愛的な傾向をも受け継いでいたために、その足をすくわれる。すなわち人間は、オウィディウスの描いたナルキッソスと同様に、自然《フュシス》の水面に映った自己の姿を目にして、その美しさに惚れ込んでしまう。そして、その姿を追い求めて下方に手を伸ばした結果、天上世界から物質世界へと転落するのである。

性愛論の強調という点もまた、『ポイマンドレース』に見られる特色の一つである。物質世界に転落した人間は、数々の欲望、とりわけ性愛的欲望によって翻弄される。『変身物語』において、自分自身に見惚れるナルキッソスの姿を精霊のエコーがそのそばで密かに見つめていたように、『ポイマンドレース』においても、水面に映った自分自身に見惚れる人間を、その他の存在者が密かに見つめている。それは、惑星天の神々である七人の「支配者」たちであり、さらには、人間の姿を映し出している「自然《フュシス》」そのものである。これらの星辰の神々と「自然」は、自らの持つ性愛的性質を少しずつ人間に分け与え、彼を愛欲の渦のなかへと沈み込ませてしまう。

地上に転落した人間は、当初は神と同じような両性具有の存在であったが、後に男と女へと性別が分化し、これによって人間同士での愛欲に耽るようになる。こうして人間は、物質的欲望に浸りきることにより、次第に自らの「真の故郷」を忘却してしまうのである。

このように『ポイマンドレース』においては、前章で指摘した三つの思想に由来するモチーフが、きわめて巧みな仕方で融合されていることが見て取れるだろう。

しかしながら、ここで特に注意を促しておきたい点がある。すなわち、この物語に内在している諸々のモチーフを分解し、その出所をそれぞれ突き止めたところで、それはグノーシス主義という思想の論理を理解したことにはならない、ということである。さまざまなモチーフのコラージュによって形成されているにもかかわらず、『ポイマンドレース』の描き出している世界観は、その特定のどれかの思想に還元されるということがない。むしろ、ある固有の思想的原理が諸々のモチーフを貫く糸となり、それらを巧みに織りなしていると考える必要があるだろう。

「古代宇宙論」の否定

先行する諸思想のモチーフを取り込みながら、しかし『ポイマンドレース』という神話が独自に表現しているものとは、一体何だろうか。そのための考察の糸口としてここでは、グノーシス主義に関する先行研究のなかから、柴田有の『グノーシスと古代宇宙論』という書物を参照しておくことにしたい。

柴田はヘルメス選集の邦訳者であり、この書物では『ポイマンドレース』の詳細な読解に基づくことにより、グノーシス主義の思想的本質に迫ることが試みられている。そしてその結論によれば、グノーシス主義が持つ最大の特徴とは、それまで連綿として続いてきた「古代宇宙論」の否定、特に星辰崇拝に対する根源的な否定である、と指摘される。

われわれもまた前章で確認してきたように、プラトン主義やストア派の哲学を含むさまざまな古代思想においては、宇宙という存在に対する崇敬の感情が、その大枠において保持されている。何よりギリシャ語の「コスモス（宇宙・世界）」という言葉が、現代語の「化粧品《コスメティック》」という言葉にもそのニュアンスが残っているように、「秩序整然とした統一体」を示すものであったため、コスモスが「善美」なるものであるということは、その言葉自体に内包される自明の前提の一つでもあったわけである。

また、これも前章で指摘したことであるが、ローマ帝国が支配する古代末期の世界においては、星辰崇拝は皇帝崇拝という政治的イデオロギーと密接に結びついていたために、これに抵触するような言辞は、本来慎重に回避されるべきものであった。しかしながら『ポイマンドレース』においては、惑星天の神々が人間を悪しき欲望へと引きずり下ろす存在として描かれ、ほとんど「悪魔化」しているばかりか、その存在に対してしばしば「支配者《ディオイケーテース》」という、ローマ帝国における属州支配機構の官名が用いられている。柴田の研究によれば、グノーシス主義の思想は、古代宇宙論に対するきわめて自覚的なその否定であり、同時にローマ帝国の政治体制に対する「神話的想像力からの挑戦」（九四頁）であったのである。

このように『グノーシスと古代宇宙論』という研究書においては、ヘルメス選集を筆頭に古代末期の諸文献が広範かつ精密に読解され、「古代宇宙論」の全体的な性質を総括した上で、グノーシス主義がそれをラディカルに否定しようとした思想であったということが明らかにされている。この研究書の公刊は一九八二年にさかのぼるが、現在においてなお、その主張は強い説得力を持っていると評価することができるだろう。

しかしながら、古代宇宙論の否定こそがグノーシス主義の本質であるという総括的な「結論」に対しては、それに完全に同意することにいささかの躊躇を覚えることも、また事実である。古代宇宙論を否定するということが、グノーシス主義という思想体系にとっての顕著な特徴の一つであることは認められるとしても、それはその「本質」とまで呼びうるほどの中心的な要素なのだろうか。グノーシス主義が、あれほど多くの神話を生み出しながら活発な運動を繰り広げたのは、果たして、古代的な宇宙論を否定したいという一事にあったのだろうか。

また、表現の仕方や強調の度合が異なるとはいうものの、超越的な「光の世界」の存在を想定し、それによって物質世界の存在価値を格下げすること、そしてそれに伴い、世界の物質的部分を創造する神々（惑星天の神々）の地位を格下げすることは、プラトン主義の思想においてもすでに見られるものである。「コスモスの否定」という事柄に関して言えば、グノーシス主義は、プラトン主義がすでに示していた傾向を極端化したものにすぎない、とも考えることができる。ゆえにそこに、グノーシス主義に固有の本質を見出すのは難しいだろう。

さらに、星辰崇拝と結びついたローマ帝国の政治的イデオロギーに対抗するという事柄は、少なくともグノーシス主義の「主目的」ではありえなかった。柴田も言及しているように、グノーシス主義の活動は良くも悪くも「神話的想像力」の圏内にとどまっており、実際にローマの政治的権力と鋭く対立したという事実は伝えられていない。第4章で見るように、皇帝礼拝を拒絶することによって多くの殉教者を出したのは、むしろキリスト教正統主義の側であり、グノーシス主義はその行為を「軽はずみな死」として批判したのである。

ともあれ、グノーシス主義の思想がある種の「否定」の音調を、プラトン主義的な形而上学の体系に沿いながらも、それとは異なる仕方で、目に見える世界に対するラディカルな「否定」の音調を響かせていること自体は、疑うことができない。むしろわれわれは、グノーシス主義とプラトン主義の両者が、形而上的世界の存在を想定することによって可視的世界の存在を否定し、超克しようとする際に、そこに発生するかすかな音調の差異に耳を澄まさなければならないだろう。そのためここでは、性急に結論に到達しようとはせず、グノーシス主義の二つ目の神話へと歩みを進めながら、その差異の正体について考察を続けることにしよう。

2 『ヨハネのアポクリュフォン』

神話のプロット

1……ヨハネへの啓示

イエスの死後、彼の弟子であったヨハネが神殿を訪れたとき、そこにファリサイ人が近づいてきて、「君の主人はどこか」と尋ねる。ヨハネが「彼はかつていたところへ帰って行かれました」と答えると、ファリサイ人は「そのナザレ人は君たちをだまして迷わせ、父祖たちの言い伝えから君たちを引き離してしまったのだ」と彼を非難する。

ファリサイ人の言葉によって心に疑いが生じたヨハネは、「そういえば救い主は、彼の父について、また私たちがやがて行くであろう世界について説明してくれなかった」と考え始める。すると突然天が開け、すべてが光り輝き、世界が揺れ動いて、救い主が出現する。そして救い主はヨハネに、自らの父について、さらには世界の来歴と行く末について明らかにしよう、と告げる。以下はその内容である。

2……否定神学

世界の始源には、「万物の父」と呼ばれる至高神だけが存在していた。至高神はあらゆる事物に先立つ絶対的な始源であり、絶対的な超越者である。その存在を限定的な、あるいは実定的な属性によって形容することは不可能であるため、「否定神学」的な叙述方法が導入される。すなわち至高神とは、見えざる霊、不滅性のなかにある者、いかなる視力でも見つめることのできない純粋なる光のなかにある者、欠乏を知らない者、あらゆる者に先立つ者、断定し難い者、記述し難い者、身体的でも非身体的でもない者、大きくも小さくもない者、等々……である。

3……至高神の鏡像＝「最初の人間」バルベーローの発出

始源において唯一存在していた至高神は、あるとき、「霊の泉」に映る自己の姿を見つめた。するとそこから、自己の鏡像＝似像である「バルベーロー」が発出する。バルベーローは、至高神によって生み出された最初の神であり、その存在は「アイオーン（永遠性）」と呼ばれる。

至高神自身が不可視であるのに対し、その似像であるバルベーローは目に見える存在であり、具体的な形象を有している。すなわち、「霊の泉」に映った至高神の姿は「人間」のそれであり、バルベーローは「最初の人間」として出現したのである。

4……プレーローマ界の創造

こうして誕生したバルベーローは、至高神の承認を得ることにより、「最初の認識」を始めとするアイオーンたちを次々に発出する。バルベーローの働きを通して、神的な完全性に満たされた世界、「プレーローマ（充溢）」界が創造されるのである。

各アイオーンには、「不滅性」「真理」「叡知」「言葉」「賢明」「愛」「知恵」等という、実定的な属性を示す名が与えられている。それらは、プラトン哲学の概念における「イデア」に相当する、完全で永遠なる存在者である。また、それぞれのアイオーンは、男女同士の「対《シュジュギア》」として、すなわち夫婦のペアを構成するものとして配置されている。

5……「知恵」の過失

プレーローマ界を構成する上述の神々のなかで、「知恵《ソフィア》」と呼ばれるアイオーンは、その世界の最下層に位置する女性の神格であった。ソフィアは、自らもまた至高神の似像として存在する一つのアイオーンであるから、という理由によって、至高神と同じように、自分自身の影像を発出したいと願う。彼女は「対」として与えられたその伴侶を省みず、自分のみから新たな神を生み出そうとする。

しかし、父なる至高神や他の神々の同意と承認を得ずに行われたその行為は、ソフィアの身に大きな悲劇をもたらす。彼女は、新たな神を生み出すことに途中で耐えきれなくなり、身ごもったものを不完全なまま流産してしまう。するとそれは、神的な存在者にそぐわない奇怪な姿、蛇とライオンの外貌を露わにしたのである。

ソフィアは、自らが生み出した醜い息子を他のアイオーンたちに見られることを恐れ、これをプレーローマ界の外部に投げ捨てる。そして彼に玉座を与え、「ヤルダバオート」と名づけた。

6……可視的世界の創造

こうしてプレーローマ界から放逐されたヤルダバオートは、自らの出生の由来を知ることのないまま、自らの住まう世界、すなわち可視的世界の創造に着手する。最初に創造されるのは、恒星天や惑星天を支配する神々であり、彼らは「アルコーン（支配者）」と呼ばれる。

ヤルダバオートは、上位にあるプレーローマ界や、そこに住まう神々の存在について知らなかったが、母であるソフィアから受け継いでいた力の働きによって、知らず知らずのうちに、可視的世界をプレーローマ界の似像として創造したのだった。

ヤルダバオートは、旧約聖書の造物主である「ヤハウェ」と同一視されている。ヤルダバオートは世界の創造が自らの力のみによって為されたと過信し、アルコーンたちに自己の唯一性を宣言する。「私こそは妬む神である。私の他に神はない」。

7……アダムの創造

このような無知と傲慢に満ちたヤルダバオートの言葉を耳にして、プレーローマ界の創造者であるバルベーローは憤激する。そして、「人間と人間の子が存在する」と答えて反駁すると同時に、自らの形象を可視的世界の水面に映し出す。ヤルダバオートとアルコーンたちは、水のなかに映ったバルベーローの影像を目にし、自分たちとは異なる真実の神々がいることを知って、これに激しく驚愕する。

彼らは、そのとき初めて見た神の姿を自分たちのものにするために、「神の像と外見に従って人間を造ろう」と考える。こうしてヤルダバオートとアルコーンたちは、バルベーローの姿を模して人間の身体を創造する。

こうして造り上げられた最初の人間は、「アダム」と名づけられる。しかし彼は、徒《いたずら》に地面を這うばかりで、立ち上がることができなかった。これを見たプレーローマ界の神々は、ヤルダバオートに対して、ソフィアに由来する力であるその「息＝霊《プネウマ》」を、アダムの口に吹き込むようにそそのかす。プレーローマ界の神々はそれによって、ヤルダバオートが不当に保持しているその霊力を奪還しようと目論むのである。

ヤルダバオートから息を吹き込まれると、アダムが力を得て立ち上がる一方で、ヤルダバオートはそれを喪失してしまう。そして、霊の力を得て光り輝き始めたアダムを目にして、アルコーンたちは激しい嫉妬の感情に駆られ、彼を物質世界の底部にある「エデンの園」に幽閉したのだった。

8……「生命の霊」とエヴァ

次にバルベーローは、エデンの園に幽閉されたアダムと、彼に吹き込まれた霊の存在を憐れみ、これに救助者を差し向ける。それは、「善なる、憐れみに富む霊」、あるいは「生命の霊」と称される。

アダムのもとに「生命の霊」が到来したことを察知したヤルダバオートは、それを我がものにすることによって、失った力を取り戻そうとする。そのためにヤルダバオートは、アダムを眠らせて「生命の霊」を捕らえようとするが、ヤルダバオートの企みを事前に察知した「生命の霊」は、すぐにその場を逃れ去ったのだった。

再び「生命の霊」の捕縛を企むヤルダバオートは、その姿を模することによって、物質的な「つくり物」である女性の身体を造り出す。すると「生命の霊」は、この身体のなかに降り立った。こうして誕生した女性の人間は、「生命」、すなわち、ヘブライ語で「エヴァ」と称される。

9……「模倣の霊」と悪しき種族

ヤルダバオートがエヴァの姿を目にすると、そのあまりの美しさゆえに、彼の心は「愚かな思い」、すなわち性欲によって満たされる。ヤルダバオートは彼女を凌辱するが、その企みを再び事前に察知したバルベーローによって、彼女からはすでに「生命」が抜き取られていた。それゆえにヤルダバオートは、エヴァの肉体のみと交わったのである。

このような悪しき交合によって、新たな「肉体の像」が生み出された。そしてアルコーンたちは、「生命の霊」を真似て「模倣の霊」を造り出し、この肉体のなかに植えつけたのである。

こうして造り上げられた人間たちは、「暗闇の無知」、「身体のこしらえ物の洞窟」と呼ばれる、物質的身体の持ち主である。彼らは「模倣の霊」に支配されているため、激しい性欲を惹起されて悪しき交接に絶え間なく駆り立てられ、洞窟内の映像に等しいその幻影的な肉体を増殖させ続ける。こうして地に満ちた者たちは、「カイン」と「アベル」の種族と呼ばれた。彼らは放恣な性行によってその数を増やしては、相互に憎しみ合い、殺し合うことを運命づけられていたのである。アルコーンたちによって作り上げられた、人間に対するこのような悪しき支配は、「運命の鎖」と呼ばれる。

10……セツの種族の誕生

その一方で、「最初の認識」というアイオーンについてアダムが知ることにより、「セツ」という人間が誕生する。セツの種族は、プレーローマ界に存在する原型の忠実な模倣によって誕生した、祝福されるべき種族である。

このように人間たちのなかには、物質的欲望に支配された「カイン・アベルの種族」と、神的叡知を有する「セツの種族」という二つの種族が存在し、相互に対立している。

11……終末

人間に求められるのは、「模倣の霊」による悪しき支配から逃れ、「生命の霊」による教導に従って生きることである。世界の終極においては、プレーローマ界の創造者であるバルベーローが到来し、可視的世界の闇をその光で照らし出すことによって、ヤルダバオートたちが作り上げた「運命の鎖」が粉砕されることになっている。

12……エピローグ

救い主はこれらのことを語り終えると、ヨハネに対し、君と同じ霊を持つ者たちにこの秘密の教えを伝えるべきこと、また、この教えを食物や金品と引き替えに外部の者に漏らしてはならないことを警告し、彼の前から消え去る。ヨハネは、イエスの弟子であった仲間たちのもとへ行き、その言葉を密かに伝えたのである。

未知の「父」を求めて

本章の冒頭で述べたように、『ヨハネのアポクリュフォン』は現在、ナグ・ハマディ文書に三つ、ベルリン写本に一つの、合計で四つの写本が残されており、それらの写本には相互に若干異なる箇所が存在する。そしてそれは、今日の文献学にとって格好の考察対象となっているわけだが、本書では、そのような点については特に立ち入って論究しない。この神話が大枠において示している思想的特色に焦点を当てながら、考察を進めることにしよう。

『ヨハネのアポクリュフォン』の冒頭において、おそらくは十二使徒の一人であると想定される「ヨハネ」は、聖書正典の福音書においてイエスの論敵として登場するユダヤ教ファリサイ派の人々から、「君の信じた救い主は偽者であり、君を父祖たちの教えから引き離してしまったのではないか」という挑発的な言葉を投げかけられる。この場合、ファリサイ派の言う「父祖たち」とは、ユダヤ人であるヨハネにとっての父祖たち、すなわちモーセやアブラハムといった、旧約聖書に描かれた族長たちのことを意味していると考えられるだろう。

しかしヨハネにとっては、これらの「父祖たち」はもはや「父」としての地位を正当に占める者ではない。ヨハネは、より超越的な「父」、万物の始源である「父」を求めているのである。ファリサイ派の言葉に促され、ヨハネは、救い主のイエスにとって父とは誰であったのか、また父が統べる世界とはどのようなところなのか、と自問し始める。するとそこに救い主が再び現れ、「万物の父」と呼ばれる至高神について彼に解き明かす。そして、そこで示された「秘密の啓示《アポクリュフォン》」が、『ヨハネのアポクリュフォン』というテキストの具体的な内容となる。このように『ヨハネのアポクリュフォン』の主題は、いまだ知られていない「真の父」を探究することに置かれているのである。

鏡に映る神

『ヨハネのアポクリュフォン』によれば、「万物の父」は絶対的な至高者であり、世界の始源においては、彼の他に何者も存在しない。また、あまりにも崇高な存在であるため、彼のことを「美しい」とか、「善なる」と称することは不可能であるとされている。ゆえに彼は、「否定神学」で記述されなければならない存在なのである。世界の始源には言わば、言葉では形容することのできない至高神、ある種の「無」、とも言いうるこの存在者が、ただ一人で存立している。

それでは、このような「絶対的否定性」の静止状態から、どのような仕方で有形的な世界が生み出されてくることになるのだろうか。その最初の一歩になるのは、「万物の父」である至高神が、自らの姿を「霊の泉」に映し出すという行為である。

不可視の神は、泉の水面にであれば、その姿が映る。その理由については後に再び考察することにしたいが、クロソウスキーが指摘していたように、泉の水面は、「見えないもの」を「見えるもの」へと変換し、その両者を交感させるのである。その光景は、以下のように描写されている。

霊の泉が、光の活ける水から流れ出た。そして彼（至高神）は、すべてのアイオーンとあらゆる世界を準備した。彼は自分を取り巻く純粋なる光の水のなかに彼自身の像を見ることにより、それを把握した。すると彼の「思考《エンノイア》」が活発になって現れ出た。……（中略）……これがすなわち万物の完全なる「プロノイア（予見）」、光、光の似像、見えざる者の影像である。それは完全なる力、バルベーロー、栄光の完全なるアイオーンである。彼女は彼を誉め讃えた。彼女は彼によって現れたからである。そして彼女は、彼を思考する。彼女は最初の「思考」、彼の映像である。彼女は最初の人間となったのである。

（『ヨハネのアポクリュフォン』ベルリン写本、26-27）

霊の泉に映った至高神の像は、それ自身が二番目の新しい神となる。その神の名は「バルベーロー」と称され、しばしば「万物の母胎」とも呼ばれる。すなわち、至高神が「万物の父」であるのに対して、バルベーローはそれに対応する「母」的存在なのである。至高神とバルベーローは、万物の父母として、プレーローマ界を構成するその他のアイオーンたちを次々に生み出してゆく。また、泉の水面に映った至高神の形象とは「人間」のそれであり、ゆえにバルベーローは「最初の人間」とも称される。『ヨハネのアポクリュフォン』、そして先に見た『ポイマンドレース』においては、聖書と同様に、「神の姿に倣って人間が造られる」という、いわゆる「神人同型論(anthoropomorphism)」が採用されているのである。

しかし、創造された人間がすぐさま地上へと転落する『ポイマンドレース』の物語と比較すると、『ヨハネのアポクリュフォン』の場合には、神の形姿が実際の地上の人間にまで移されるまでのその経緯は、かなり込み入っている。至高神とバルベーローの働きによって、天上世界であるプレーローマ界は、至高神の「似像《エイコーン》」、すなわち「人間」の姿をしたアイオーンの神々によって満たされるのだが、その神的形象が地上に降りてくるまでには、もうしばらく物語を追ってゆかなければならない。

知恵の過失――鏡像の反逆

プラトン主義の体系における至高神が、自分自身を見つめることによって諸々のイデアを生み出したのと同じように、『ヨハネのアポクリュフォン』における至高神もまた、霊の泉に映る自分の姿を見つめることによって数々のアイオーンたちを生み出す。「生命」「真理」「愛」「知恵」等々と名づけられたこれらのアイオーンは、至高神の似姿を備えた神々であるとともに、ひいては地上の事物の「原型」ともなる存在者である。こうした存在の連鎖においては、プラトン主義的な「模倣《ミーメーシス》」の論理が機能しており、模倣的産出が幾度も反復されることによって、プレーローマ界の神格の数は増加し、その世界の輪郭は徐々に拡大する。

しかしながら『ヨハネのアポクリュフォン』の物語では、プラトン主義的な模倣の論理を根底から覆すようなある事件が、プレーローマ界の内部で発生したことが描かれている。それがすなわち、「知恵の過失」と呼ばれるエピソードである。言わばグノーシス主義は、「知恵《ソフィア》」という神格によって引き起こされた悲劇的事件の存在を想定することによって、哲学的な「愛知《フィロソフィア》」の体系から離れ、知の働きに関する独自の記述方法を展開することになったのである。

すでに述べたようにプレーローマ界は、至高神の似姿を備えたアイオーンの神々によって構成される。そしてその末娘に当たる女神のソフィアは、自分自身も至高神と似た神格の一人なのだからという理由で、至高神と同じ仕方で、自ら新しい神を生み出そうとする。

> さて、われわれの仲間なる姉妹、すなわち「知恵《ソフィア》」は——彼女もまた一つのアイオーンであったので——自分の内からある考えを抱くに至った。彼女は霊の考えと「最初の認識」によって、自分のなかから自分の影像を出現させたいと欲した。彼女のこの考えは、無為のままではいなかった。そして、彼女の業は不完全な形で現れ出た。その外貌には形がなかった。というのも、彼女は彼女の伴侶なしにそれを造り出したからである。それには、母親の姿に似た形がなかった。
>
> （『ヨハネのアポクリュフォン』NHC.III.14）(*)

（*）この表記は、ナグ・ハマディ文書、第三コーデックス、一四葉目ということを指示している。以下も同じ。

至高神と似ているとはいうものの、しかしながらソフィアは、あくまで至高神とは異なる存在であった。ゆえにソフィアの行為は、プレーローマ界における諸神格のヒエラルキーを無視するものであり、同時に、至高神の地位に不当に取って代わろうとする行為でもあったわけである。この意味においてソフィアは、まさに自らの姿を見誤ってしまった。そしてその結果として、自らの歪んだ鏡像、神的存在にはそぐわない異形の怪物を流産してしまう。

ここに描かれているのは、模倣による簒奪、あるいは、模倣による剽窃、という事態である。プラトン主義的形而上学においては、模倣が繰り返されることによって、一者（至高神）から知性（イデア）が、そして知性から魂が流出するが、そのとき「似像《コピー》」として生み出されるものは、自らの「原型《オリジナル》」の存在に対して従順であり、それを忠実に賛美する。しかし『ヨハネのアポクリュフォン』の物語において、ソフィアが心ならずも示した行為は、そのような「従順な模倣」に正面から対立している。「似像」は「原型」を模倣することによって、いまやその地位に取って代わろうとする。言わばそれは、「簒奪の模倣」なのである。

二世界の対立

ソフィアが試みた身の程をわきまえない行為は、苦しい流産という失敗に終わる。しかし、完全に失敗したというわけではない。流産によって産み落とされたものが、プレーローマ界の外部で生き延びることになるからである。それが、可視的世界の造物主となる「ヤルダバオート」である。

蛇とライオンの姿という、あまりの醜さゆえにプレーローマ界の外部に放逐されたヤルダバオートは、その出自を教えられることがなかったために、自らを起源なき唯一者であると思い込む。そしてヤルダバオートはその力を誇示するため、自分自身を頂点とする世界の創造に着手する。しかし、無知のうちに母親のソフィアから継承した力ゆえに、その世界は、プレーローマ界と似通ったもの、プレーローマ界の「似像《エイコーン》」として創造されるのである。

ここで再び、プラトン主義の体系と比較してみよう。プラトンの『ティマイオス』に登場する造物主と、『ヨハネのアポクリュフォン』に登場する造物主を比べてみても、その機能自体はほとんど変わらない。なぜならどちらの造物主も、天上世界を模倣して可視的世界を造り上げるからである。

とはいえこの両者は、微妙ではあるがしかし重要な点において、互いに異なっている。プラトン主義における可視的世界が、その原型であるイデア界に対する「忠実な似像」として創造されるのに対して、グノーシス主義におけるそれは、プレーローマ界とは対立する世界として創造されるからである。

グノーシス主義の造物主であるヤルダバオートは、プレーローマ界の似像として可視的世界を創造しながらも、その原型であるプレーローマ界の存在を認知せず、「私の他に神はない」と、自らの至高性と唯一性を宣言する。彼は、神的な秩序のオリジナリティを、本当の至高神から、そしてプレーローマ界から奪い取ってしまうのである。ヤルダバオートによる創造行為は、ソフィアが不意に踏み出してしまった「簒奪の模倣」という行為を、全面的に展開したものと捉えることができるだろう。

『ヨハネのアポクリュフォン』に描かれた物語を簡潔に図示してみるならば、そこでは、二つの対称的な世界が相互に拮抗して存在していることが見て取れる。その体系においては、「ソフィアの過失」という事件を転換点として、異なるヒエラルキーを有する二つの世界が対立して存在している。その構図は、至高神、イデア界、可視的世界が単一のヒエラルキーのなかに包み込まれるプラトン主義的世界観（本書五四頁の図3を参照）とは、実は大きく異なっているのである（図6）。

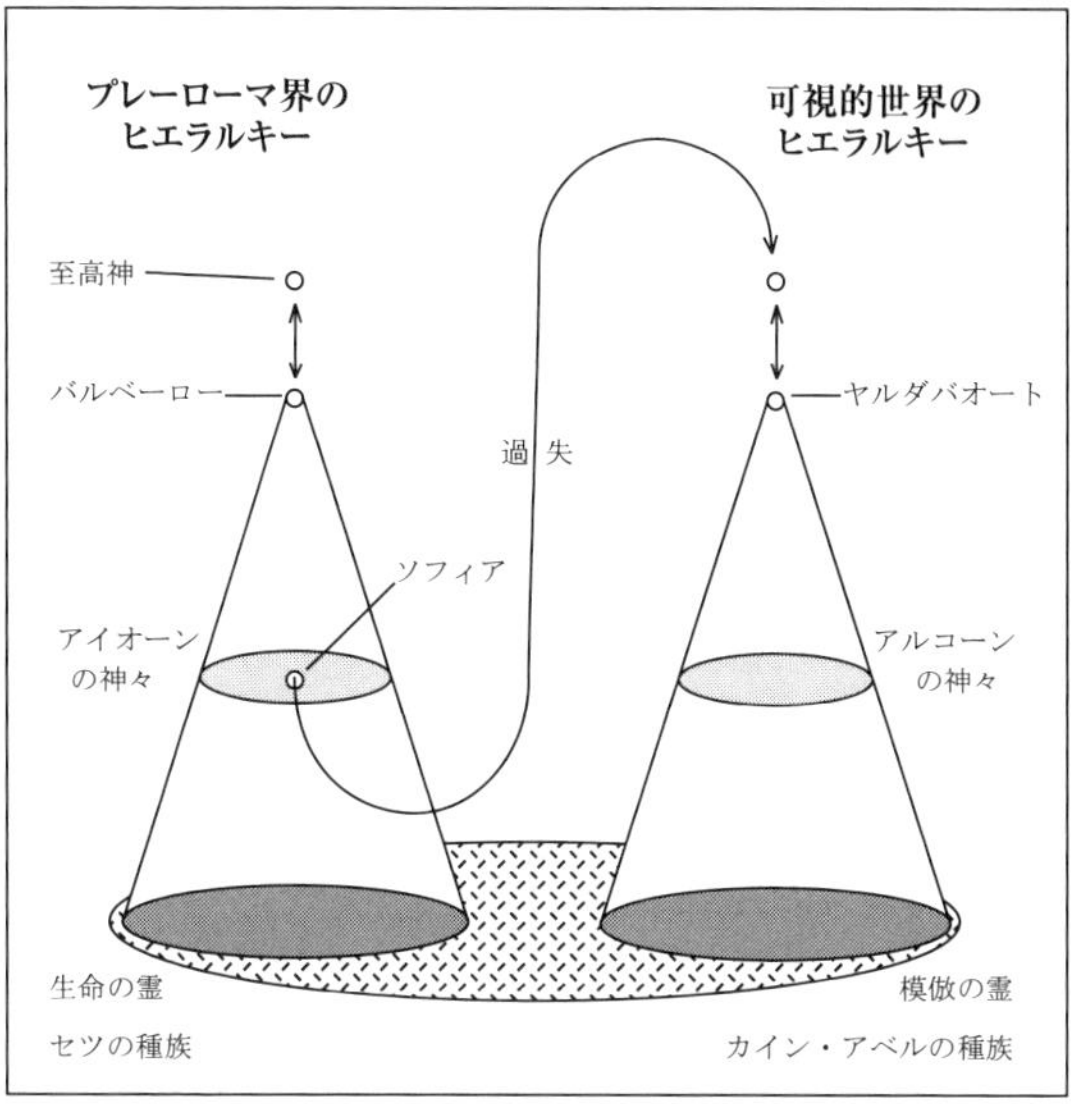

図6

　拮抗する二世界において、それぞれの世界の頂点に立っているのは、「万物の父」である至高神と、その存在を真似ようとした女神ソフィアである。しかし至高神やソフィアは、以降の物語では、実際にはほとんど積極的な役割を果たさない。至高神が最初に生み出したバルベーロー、そしてソフィアが生み出したヤルダバオートという神格が、プレーローマ界と可視的世界というそれぞれの世界の創造者となり、物語における主導的な役割を担うようになる。バルベーローとヤルダバオートは、それぞれの世界を支配する神々を創造し、彼らを率いて相互に抗争を繰り広げるのである。

プラトンの『ティマイオス』には、「時間は永遠の似像である」(29E)という言葉が見られる。この言葉に直接依拠しているのかどうかは明らかではないが、『ヨハネのアポクリュフォン』においてプレーローマ界の神々である「アイオーン」は永遠の存在であり、そしてその似像として創造される「アルコーン」たちは、時間の流れを指し示し、同時にそれを支配する星辰の神々である。しかし、「永遠の似像としての時間」という観念が、プラトンにとっては星辰の運動の規則正しさと美しさを表現するものであったのに対して、グノーシス主義においては、整然とした秩序を保つ回転運動は、アルコーンたちの支配力や拘束力の完全性を示すものとして捉えられることになる。アルコーンたちは時間を支配し、強固な「運命の鎖」を造り上げることによって、可視的世界に住まう者たちを拘束し続けるのである。

また、このような二世界の対立構造は、創造から終極までに渡る、人間の歴史全体をも規定している。可視的世界とアルコーンの神々を創造し終えた後、ヤルダバオートは、創造者としての自らの唯一性を高らかに宣言する。「私は神である。私の他に神はいない」、と。この言葉を聞いたプレーローマ界のバルベーローは、「人間と人間の子が存在する」と答え、それに反駁する。その際、可視的世界の水面にはバルベーローの姿が映るのだが、ヤルダバオートとアルコーンたちは、プレーローマ界に由来する光に満ちた映像を自分自身のものにするために、その姿を模倣して人間を造り出す。こうして「人間」という神的な形象は、地上世界の被造物としてその姿を現すことになるのである。

このようにして創造された人間の肉体には、バルベーローが人間を救済するために派遣した「生命の霊」が、あるいはヤルダバオートがそれに対抗するために、「生命の霊」を真似て造り出した「模倣の霊」が植えつけられる。そして、これらの指導的な霊の種類の違いによって人間たちは、「セツの種族」という祝福されるべき種族と、「カイン・アベルの種族」という呪われるべき種族に分かれ、相互に対立を繰り広げるようになる。人間の生もまた、二世界間の抗争に巻きこまれるのである。

模倣の両義性

『ヨハネのアポクリュフォン』に描かれた、一見したところ複雑な物語の背景には、明確に対称的な二世界論の構造が、とりわけ二世界の対立の構造が存在している。しかしそれでは、グノーシス主義の世界観にとってその本質的な要素とは、超越的世界と可視的世界が対立関係に置かれる、という点にあるのだろうか。

この結論は誤りとは言えないものの、いささか皮相的にすぎるだろう。その世界生成の全体的なプロセスについて考察してみると、超越的世界と可視的世界が対立すること、あるいは柴田が『ポイマンドレース』の分析から導き出したような、「伝統的な古代宇宙論に反してグノーシス主義の神話では星辰の神々が悪霊化している」というような事柄は、確かに重要な要素であることは否定しえないものの、それ以上に根底的な要因によってもたらされる副次的な効果の一つにすぎないということも、理解されてくるように思われる。

プラトン主義の体系と比較した場合に、グノーシス主義の世界観において特徴的なのは、これまで述べてきたように、「模倣」という行為が優れて両義的なものとして立ち現れてくるということにある。例えば、前章で見た新プラトン主義者プロティノスにおける三つの存在論的階層である「一者」「知性」「魂」の関係性に見られるように、下位の存在が上位の存在を常に「忠実に模倣」する場合は、世界全体は単一のヒエラルキーに収束することになる。しかし、『ヨハネのアポクリュフォン』の場合には、当初プレーローマ界の内部では「忠実な模倣」の関係が維持されているものの、至高神の地位に取って代わろうとする「知恵の過失」という出来事によって、「簒奪の模倣」という事態が現れる。その結果として、プレーローマ界の外部に、造物主ヤルダバオートと彼が創造する可視的世界が流出し、二つの世界のあいだには、「忠実な模倣」と「簒奪の模倣」が相互に交錯する抗争が開始されることになるのである。

母のソフィアによってプレーローマ界から放逐されたヤルダバオートは、プレーローマ界の姿を模倣することによって可視的世界を創造しながらも、その原型の存在と価値序列を無視し、自らを頂点とする独自のヒエラルキーを造り上げる。しかしプレーローマ界の勢力にとって、自己のヒエラルキーに属さない模倣物を勝手に創造することは、看過が許されない偽造行為であるということになるだろう。プレーローマ界の勢力は、可視的世界に現れた「偽りの似像」に対して、「真実の似像」の存在を明示しようとする。しかしアルコーンたちは、可視的世界に現れたその像をさらに模倣し、人間の肉体を、さらにはそれに植えつけられる「模倣の霊」を造り出すのである。こうして、プレーローマ界と可視的世界の二つの勢力は、人間の命運をめぐって激しい抗争を繰り広げることになる。

このようにグノーシス主義は、プラトン主義と同様に、形而上的世界と可視的世界の二世界論を構築し、さらにはその両者を「模倣」の関係によって結びつけながらも、模倣という概念に潜む両義的な性質を抉《えぐ》り出し、その効果を縦横に駆使することによって、より複雑な世界生成の物語を編み出してゆくのである。

「認識」の両義性へ

さて本章では、『ポイマンドレース』と『ヨハネのアポクリュフォン』という二つの代表的なグノーシス主義のテキストを取り上げ、そのプロットを確認するとともに、その神話の構造について一通りの分析を加えてみた。特に『ヨハネのアポクリュフォン』の分析においては、グノーシス主義における二世界論の構図、超越的世界と可視的世界が相互に対立するという構図が、模倣という概念の両義性に立脚したものであることが明らかにされたわけである。

そして、模倣という概念に潜むこのような両義性は、換言すれば、人間の知的認識における両義性をも意味していると考えることができる。というのは人間は、まさにナルキッソスの物語に示されているように、水面や鏡に映る自分自身の「似像」を見ることによって、自分自身を認識するからである。ここで再び、『ポイマンドレース』と『ヨハネのアポクリュフォン』の物語を振り返り、それらにおいて決定的に重要な機能を果たしているモチーフとは何かということについて考察しておこう。

『ヨハネのアポクリュフォン』と比較した場合、『ポイマンドレース』においては、可視的世界が悪しき存在であること、それが超越的世界に対立する存在であることは、それほど明白には描かれていない。というのはその物語では、神の子である「ロゴス」と造物主が協力し合い、叡知的世界の似像としての感覚的世界を創造するからである。

しかし物語が進むにしたがって、感覚的世界が数々の悪しき感情に支配されていることが、次第に明らかになる。特にその転機となるのは、人間の創造、およびその転落についての箇所である。その物語において、「神の似姿」を持つ者として創造された人間は、水面に映った姿を見ることで自らの美しさを認識し、それに歓喜する。しかし彼は、まさにその美しさゆえに、自然世界へと引きずり下ろされ、愛欲の虜にされてしまうのである。すなわち、一方で人間は、「神の似姿」として創造されたゆえに美なる存在であり、また叡知的存在なのであるが、他方で彼はまさにその美しさのゆえに、「自分自身を愛する」というナルキッソス的倒錯に陥る。そしてその姿は、感覚的世界の支配者たちが持つ性的欲情の対象になってしまう。

『ヨハネのアポクリュフォン』においても、「神の似姿」を持つ自分自身を認識すること、その両義的な効果が、物語の構造における重要な役割を果たしている。この神話において至高神は、泉の水面に映った姿を見つめることによって自分自身を知り、その似像を次々と発出することによって、アイオーンの神々から成るプレーローマ界という完全世界を造り上げる。そして、末娘のアイオーンであるソフィアは、自分も「神の似姿」を備えているからという理由で、至高神と同じように「自分自身を知り」、自ら神々を生み出そうとする。しかし、至高神の行為の模倣・反復である彼女の行為からは、異形の怪物である造物主ヤルダバオートが生み出される。そして彼が造り上げる可視的世界は、プレーローマ界に似た姿をしているものの、それに反逆する存在となってしまうのである。

その描かれ方にはさまざまなヴァリエーションが存在するものの、グノーシス主義の諸神話においては、「自分自身を知る」際に発生する両義的な効果が、優れて中心的な役割を果たしている。その特質は、まさに「認識《グノーシス》主義」という名にふさわしいものと言えよう。知的認識が持つ両義性こそが、人間の二重性や世界の二重性を生み出す原因となり、こうして現れた二種類の存在者のあいだに抗争が開かれることによって、その物語は複雑な展開をたどることになるのである。

次章では、本章での知見を踏まえつつ、グノーシス神話によって描かれた数々のエピソードについて横断的に考察することにしよう。

第3章　鏡の認識《グノーシス》

自分自身を知ること

グノーシス主義によって生み出された数多くの言葉のなかでも、もっとも広く知られているのは、グノーシス主義者の一人であるテオドトスが語ったものとして伝えられる、次の言葉ではないだろうか。

われわれは一体誰であったのか。何になってしまったのか。われわれはかつてどこにいたのか。今やどこに投げ込まれているのか。われわれはどこに向かって急ぐのか。何から解放されたのか。生とは何であり、再生とは何か。

（アレクサンドリアのクレメンス『テオドトス抜粋』78.2）

グノーシス主義のテキストのさまざまな箇所においては、「わたしとは何か」という問いが幾度も繰り返されている。逆に言えば、自分自身を知ることを執拗に追究するその姿勢こそが、この思想が長らく「認識《グノーシス》主義」と呼ばれ続けてきた根源的な理由ともなっているわけである。

しかしながら古代末期の時代において、このような問いを掲げるということは、グノーシス主義の専売特許というわけではなかった。祖国アテネによって処刑された愛知者ソクラテスが、デルフォイの神殿に記された「汝自身を知れ」という命題に特別の重要性を認めてからというもの、古典古代期以降の哲学や文学、そして宗教においては、さまざまな形で「わたしとは何か」という問いが提起されるようになる。そしてその背景には、古代的な社会秩序が次第に流動化し、個々人のアイデンティティが不明確なものになったという事態が存在していた。

本書では第1章において、グノーシス主義に先行する、あるいはそれと同時代的な三つの思想的潮流について概観した。それらの思想においてもまた、「わたしとは何か」という事柄が積極的に問われるとともに、この問いに対する回答となる自己認識の諸形式が提示されている。それらは次のように要約することができるだろう。

(1) プラトン主義の体系における、自己認識の形而上学。「父なる神」である至高神は「不動の動者」として存在しており、常に自分自身のことを観照し続けている。至高神は完全に「自分自身を知る」存在なのである。その知性的行為によって、確実な認識の基盤である「イデア」が生み出される。また、新プラトン主義者のプロティノスが語ったように、人間は自己を認識することによって形而上的世界へ帰昇し、至高神と合一することができる。すなわち、神的な自己認識にあずかることこそが、人間の生の目的なのである。

(2) ストア主義における、諸情念の働きについての自己省察。アウレリウスが『自省録』において示したように、人間は自己の精神について内省することにより、さまざまな情念に惑わされなくなるとともに、世界の生成流転を支配するロゴスの法則を知り、それに従って生きることが可能となる。

(3) オウィディウスが『恋の技法』で示した、恋愛という観点からの自己像の陶冶。人は他者から自分がどのように見られているかについて配慮し、自分の姿をより魅力的にするように努力しなければならない。しかしながら、こうして生まれる「自己愛」という契機は、『変身物語』におけるナルキッソスのエピソードで語られたように、倒錯的かつ閉塞的な欲望の隘路に陥るという危険性を合わせ持つ。

グノーシス主義における自己認識の形式とは、これらの思想に存在する自己認識の形式を、巧みに融合させたものと見ることができるだろう。しかしグノーシス主義においては、自己認識に関わるこれらのモチーフが、ただ単に「融合」されている、というばかりではない。第1章の末尾でも触れたように、グノーシス主義は、これらのモチーフを組み上げることによって独自のダイナミズムを持つ精神発達論を展開し、それによって先行する諸思想の乗り越えを試みていると考えられるからである。

本章では、グノーシス主義によって生み出された数々の神話を横断的に取り上げ、そこで見られる精神発達論とはどのようなものか、また先行する諸思想との関係はどのようなものかということについて、考察することにしよう。

1　グノーシス主義と精神分析

精神分析の導入

さて、本章での考察を進める上で、一つの現代的な理論をあらためて導入しておくことにしたい。それは、二〇世紀の初頭にフロイトによって創始され、その後、ジャック・ラカンを始めとする数々の後継者によって発展させられた、精神分析の理論である。

グノーシス主義に対する心理学的なアプローチの方法として、これまでは、ユングの研究が広く知られてきた。しかしそれに対して本書では、序章において述べたように、その価値を厳しく否定した。それでは、グノーシス主義に対するユング的なアプローチを退け、むしろ精神分析こそ有効であると考えるのは、どのような理由によるのだろうか。

最初に注記しておくなら、本章において試みられるのは、グノーシス主義の物語を「精神分析的に解釈する」、ということではない。そうではなくむしろ、時代を遠く隔ててはいるものの、グノーシス主義と精神分析のあいだには、その基本的な思考パターンにおける興味深い平行性が見られるのではないか、ということである。

両者の世界理解の仕方、そして人間精神に関する理解の仕方には大きな共通性があり、それらを相互に対照して考察することによって、グノーシス主義を生んだ時代の思想的環境をより良く理解することができ、ひいてはわれわれの生きる時代の特質をも逆照射することができるのではないだろうか、と私は考えている。

これまでその関係性が積極的には論じられていないにもかかわらず、グノーシス主義と精神分析は、実は意外に近い場所にいる。というのは両者は、その理論において「自己愛《ナルシシズム》」というモチーフを重要視し、オウィディウスが描いたナルキッソスの物語を、独自の仕方で展開させようとするからである。両者が共有するパースペクティブによれば、人間は鏡に映った自己の姿を見ることによって自己を認識し、それに向かって「わたしとは何か」と問い続け、精神の成長を遂げるのである。

鏡像段階論

自分自身を知ること、そして、自分自身を知るために、鏡に映る自己の姿を見つめること。われわれが今も日々繰り返しているこのような行為は、あまりにも卑近で自明のものに思われるかもしれない。

しかし実は、決してそうではない。ジャック・ラカンがその著述のなかでしばしば強調したように、鏡に映る自己像という外的対象を媒介にして自己を認識し、その存在に終生関心を注ぎ続けるということは、人間という種に優れて特徴的なことだからである。

本章での考察に精神分析の観点を導入するために、ここで、ラカンによる鏡の理論、「鏡像段階」の理論について参照しておくことにしよう。第1章で触れたように、ラカンは「二〇世紀のオウィディウス」とも言いうるクロソウスキーから影響を受けながら、フロイトの自己愛の理論を発展させた。それではラカンによれば、人間の精神は、鏡を見ることによってどのような成長過程を経るのだろうか。

まずラカンは、人間の出生がきわめて尚早に行われるという事実を指摘する。人間の脳や頭部は、身体全体の大きさに比して例外的に巨大であるため、母親の胎内でそれが十全に発達してしまうと、出産時に著しい物理的困難に直面することになる。それゆえに人間は、不可避的に「早産」を行わざるをえない。そしてこの早産によって人間は、あまりにも長い幼年期を過ごすことになる。

出生後の幼児は、神経系が未成熟な状態のまま生み出されるために、自己の身体を統一的に知覚することができない。ラカンはこれを「寸断された身体」と呼ぶ。幼児は、主体と客体を区別して認識することができないまま、カオス的な欲動の渦にさらされていると想定される。幼児の意識において、自己はその輪郭を定めないままに周囲の環境に溶け込んでいる。そして彼（女）は、どこからか絶えず湧き上がる快や不快の波に洗われながら、ときに泣き、ときに笑うのである。

このような状態の幼児に対し、人間主体の形成において不可欠かつ不可逆的な契機をもたらすのが、鏡によって自己を視認するという「鏡像段階」である。その時期は、生後六か月から一八か月頃に相当すると考えられている。このとき幼児は、鏡に映った自己の姿を見て、特別な歓喜の感情を示す。それまでカオス的な欲動の渦に巻きこまれていた幼児は、鏡に映るその形象が自分自身の姿であること、自分自身が輪郭を有する統一体であることを知り、歓喜の感情に満たされるのである。

しかしながら精神分析の理論によれば、鏡像による自己の視認という契機は、人間にとって肯定的なものとしてのみ存在するわけではない。自分自身が輪郭を有する統一体であることを知るということは、同時に、自分自身が限界を持つ存在であるということ、さらには、自分の周囲に自分以外の他者たちが存在することを知ることでもあるからである。

特に幼児にとっては、母親という「他者」の存在はとりわけ重要である。というのは、基本的な生存能力をほとんど備えていない状態で生まれてくる幼児は、母親の庇護を受けなければ、その生命をほんの幾日も保つことができないからである。この意味において幼児は、鏡のなかに単に自分の姿を発見したことによって歓喜するのではない。幼児は自分の姿を見て、「自分の大好きなお母さんは、自分のことをこういう風に見てくれているんだ」ということを知って、歓喜するのである。このように精神分析における「自己愛」という概念には、すでに他者性の契機が織り込まれている。それは、他者によって「見られる自己」の発見なのである。

ここからさらに、次のように考えることができるだろう。自己愛が実際には「他者からの愛」や

「他者からの承認」によって成立している限りにおいて、その愛の状態は原理的に、不変不動のものではありえない。なぜなら、他者からの愛、なかでも母親からの愛を自分一人がいつまでも独占できるといったことは、現実世界では考えられないからである。幼児と母親、「わたし」と「あなた」によって作り上げられる「自己愛の楽園」は、いつまでも永続するということはない。幼児は、母親の眼差しがしばしば自分以外の誰かに向けられているということに、次第に気づくようになる。

このような状態から、人間の精神に不可避的に立ち現れてくる感情とは、すなわち嫉妬である。人間は、本来はわたしの姿に対して向けられるべき視線が、わたし以外の誰かによって奪われてしまったと感じる。そしてわたしは、この人物に対して激しい嫉妬の感情を抱くのである。

それではわたしは、第三者によって奪われてしまった愛情の眼差しを、どのようにして奪い返すことができるのだろうか。ここには、ラカンがヘーゲルの概念を援用して導き出した欲望の定式、すなわち「欲望とは他者に欲望されたい欲望である」という定式によって表現される、人間固有の精神的境地が切り開かれている。

この段階において人間は、わたしの自己像が、そのありのままの姿で他者にとっての理想像になるという願望を断念しなければならない。そして、どのような自己像であれば他者の理想に適うのかを模索する探究へと乗り出すようになる。人間は、鏡に映る自己の姿、「見られる自己」の振る舞い方に、意図的に変更を加える。そしてその際には、かつては嫉妬という攻撃的な感情を向けた他者のイメージを、自分のものとして内部に取り込みさえする。精神の成長過程において、人間はさまざまな自己像をまといながら、安定した自我のあり方を求めて探究を続けるのである。

グノーシス主義と精神分析における「鏡」の理論

当然のことではあるが、世界の始源から終末までの経緯を描き出すグノーシス主義の神話的物語と、一個人の精神の内部で発生する弁証法的なドラマを記述しようとする精神分析が、その細部にいたるまで厳密に一致するということは考えられない。しかしながら、両者の理論の表面的な外皮を取り去り、その骨格に当たる部分を取り出してみれば、そこには興味深い共通性を見て取ることができるのではないだろうか。本章では、特に以下の四つの点に注目することにしたい。

(1) 主体は、鏡に映る自己の姿を見ることにより、自己を認識する。そして主体は、自分自身が輪郭を有する統一体であることを知り、全能感に満たされてこれに歓喜するとともに、それへの愛着、すなわち「自己愛」を覚える。しかし、自らの愛情を自己の鏡像に固着させることは、出口のない閉塞、死に至る閉塞へと身を委ねることにもなる。

(2) また、鏡に映る姿によって自己を認識することは、同時に「見られる自己」を発見することであり、自己を見ている「他者」を発見することでもある。自己像が他者の眼差しへと譲り渡されるという意味において、ここには原初的な疎外が存在する。主体は、他者が自分の姿を理想的なものと認識してくれることを願うが、そのような願望は完全には充足されることがない。他者たちは、自分の姿とは異なる、「別の何ものか」に理想的な姿を見出しているからである。そして主体は、そのような対象に対して激しい嫉妬の感情を抱く。

(3) やがて主体は、自分の姿がそのありのままの姿で他者の理想像になりうるということを断念し、他者の欲望の所在を想定しながら、それに合わせてさまざまな自己像《イメージ》をまとうようになる。そしてここに、「理想的な自己像《イメージ》」をめぐる奪い合いの闘争が開始されるのである。

(4) 主体は成長の過程において、幾たびもの人格的変容を繰り返しながら、安定した自我のあり方を模索する。最終的には、安定した自己像、社会的に認知される自己像の獲得が目指される。

鏡に自分の姿が映るということ——。単純に考えればそれは、物質的な存在である肉体の像が、銀やアルミニウムといった金属を平らに引き延ばしたものの上に照り返るという、ただそれだけのことでしかない。しかし人間主体は、鏡という「迂回路」を介して自分自身の姿を認識することにより、自分自身の観客となる。そして主体は、鏡に映るその姿を周囲の他者たちとともに見つめながら、社会における自らの振る舞いや役割を変化させるのである。自分自身を対象として思考を展開すること、そしてそれゆえに、自己の姿や振る舞い、役割が、優れて可変的であるということが、人間精神の特異な点であると言うことができるだろう。

次節以降では、このような理論的パースペクティブに照らしながら、再びグノーシス主義の神話的モチーフを分析することにしよう。

2 プレーローマの成立と破綻

「深淵」としての至高神──ヴァレンティノス派の教説

グノーシス主義の多くの神話によれば、世界の始源においては、絶対的存在者である至高神、すなわち「父なる神」が、ただ一人で存在している。そして至高神は、何らかの仕方で自分自身の「分身」を発出するのである。例えば、前章で見た二つのグノーシス神話を振り返ってみよう。『ポイマンドレース』において至高神は、自分自身の似姿を備えた存在として「人間《アントローポス》」を創造する。そして『ヨハネのアポクリュフォン』においても、至高神は「霊の泉」によって自分自身を視認することにより、「バルベーロー」あるいは「最初の人間」と呼ばれるアイオーンを生み出すのである。

自分自身を観照する、至高の絶対者。プラトン主義の哲学が「不動の動者」として位置づけたこのような存在に対して、グノーシス主義はそれを神話的なイメージによって肉付けし、そこで生じる出来事についてより具体的に思考しようとするのである。

至高神が自分自身を根拠として多数の神格を生み出すということについて、グノーシス主義の代表的な宗派の一つであるヴァレンティノス派は、精緻な記述を試みている。キリスト教教父のエイレナイオスによれば、ヴァレンティノス派のプトレマイオスという人物は、その教説を次のように説き始める。

（ヴァレンティノス派は、）不可視で名づけることのできない高みに、潜在した完全なアイオーンなるものがあると言い、これを「原初《プロアルケー》」とも、「原父《プロパトール》」とも、「深淵《ビュトス》」とも呼ぶのである。
（エイレナイオス『異端反駁』I.1.1）

このようにヴァレンティノス派は、至高神のことを「原父」と呼んでいる。それは確かに「父」なる神なのだが、しかしただの「父」ではない。それはあらゆる父的存在の原型となるものであり、ゆえに「原父」と呼ばれるのである。

同時に至高神は、「深淵」とも称される。先に見た『ヨハネのアポクリュフォン』においては、至高神は「霊の泉」のなかに自分自身の姿を見たのであるが、ヴァレンティノス派において至高神は、この「泉」自体と同一視されている。父なる至高神は、森の深部に潜み、その奥底を見通すことができない「深淵」のように、秘められた存在なのである。

しかしあるとき、その「深淵」に、一条の光が差し込む。そして、水面のきらめく反射によって周囲に光が溢れ出すように、「深淵」から数々のアイオーンたちが流出するのである。同じくヴァレンティノス派に属すると見なされている『三部の教え』というテキストでは、後に触れるように、父なる至高神のことが「水がどれほど溢れ出ても尽きることがない泉」と称されている。このように至高神とは、そこから万物を流出する「泉」であり、同時に万物を映し出す「鏡」そのものなのである。

もう一つの例を挙げておこう。序章で紹介した「生き残ったグノーシス教徒」と称されるマンダ教の教説においてもまた、光と水に関する壮麗なヴィジョンが、グノーシス主義から継承されている。マンダ教の神話において至高神は、「器」や「壺」を意味する「マーナー」と呼ばれる。器のなかは「活ける水」で満たされているとされ、「大いなる光」としても存在している至高神は、自分自身の輝きをその水面に反射させる。水面の反射作用によって至高神の輝きはいっそう増幅し、天上界は光で満たされる。そして、飛散する輝きの一つ一つから、「ウトラ」と呼ばれる新しい神々が流れ出すのである。

「子」のみが「父」を知る

「深淵」として存在する至高神から、アイオーンの神々が流出することによって成立する世界は、「プレーローマ（充溢）」と呼ばれる。プレーローマ界は、光と美によって満たされた、精神の充溢界なのである。

しかしグノーシス主義は、神的世界における完全なる「充溢《プレーローマ》」は、そのままの状態では存続しえないと考える。前章で『ヨハネのアポクリュフォン』における「ソフィアの過失」というプロットにその一例を見たように、プレーローマ界には何らかの仕方で亀裂が刻み込まれ、神の姿はプレーローマ界のさらに外部へと流れ出てしまうのである。

それでは、完全無欠の世界として成立したはずのプレーローマ界に、どのような理由で亀裂が発生することになるのだろうか。一言で言えばそれは、神々のあいだに立ち現れる「競合」の関係である。

これまでに述べてきたように、プレーローマ界に住まうアイオーンの神々は、すべて「深淵」である至高神から流出する。しかしながら、それゆえにすべてのアイオーンが平等の立場にあるかと言えば、実はそうではない。「(原)父」である至高神を見ることができるか、またそれによって自分自身を知ることができるかということに応じて、アイオーンたちのあいだには、暗黙のうちにヒエラルキーが設定されているのである。

『三部の教え』によれば、アイオーンたちはみな「父」から流出したものの、彼らの方から父について知ることはできなかった。そのことが次のように述べられている。


彼ら（アイオーンたち）は、永遠の思考のなかにあった。なぜなら、父は彼らにとって言わば一つの思考であり、場所であったからである。……（中略）……彼（父）は、彼のなかにあった者たちを引き出した。それでも彼は、現にそうであるままであり続ける。すなわち彼は、水がどれほど溢れ出ても尽きることがない泉なのである。彼らは、この父の思考、すなわち、隠された深淵のなかにいた。そして、確かに深淵の方は彼らのことを知っていたが、彼らの方は、自分たちがそのなかにいるその深淵を知ることができなかった。それればかりではなく、彼らには自分たち自身を知ること、あるいはそもそも何かを知ることがなかった。

（『三部の教え』NHC.I.60）

アイオーンたちは父を知らず、またそれゆえに、自己を知ることがない。彼らは無知のままの状態で、父なる深淵の永遠の思考のなかで眠り込んでいる。彼らはいまだ、十分な自己意識が芽生える以前の存在者なのである。

しかしながらヴァレンティノス派の教説によれば、このようなアイオーンたちのなかには、一人の例外者が存在する。それは、「子」あるいは「独り子《ひとりご》」と呼ばれるアイオーンである。本来は不可視である「父」を、「子」だけが見ることができ、その姿を表すことができるということについて、『三部の教え』は次のように記している。

父は、誰も彼に先立って存在せず、彼の他には生まれざる存在はない者として、言葉の優れた意味で存在する。子についてもちょうどそれと同じで、彼も優れた意味で存在する。すなわち、彼の先にも後にも、他の子は存在しないのである。これゆえに、彼は最初に生まれた者であり、独り子なのである。……（中略）……加えて、彼（子）は彼（父）の実を結ぶ。しかし、その実はあまりの偉大さのゆえに誰も見ることはできない。それでも彼（父）は溢れるばかりの甘美さのゆえに、それ（実）が知られることを欲したのである。

（『三部の教え』NHC.I.57）

「子」なるアイオーンのみが「父」を知ることができるという観念は、ヴァレンティノス派プトレマイオスの教説においても共通している。それによれば、プレーローマ界の神々のなかでも、「父」なる至高神、原初から至高神に付き添う「沈黙《シゲー》」と呼ばれる「母」なる神格、そして両者によって最初に生み出される「独り子」のあいだには、他にはない特別な結びつきが存在している。「父」と「母」によって生み出されるアイオーンたちのなかでも、「独り子」はその長兄と呼びうる存在であり、ただ一人、直接「父」を見つめる特権を有していたのである。

さて、彼ら（ヴァレンティノス派）の言う原父《プロパトール》は、彼から流出している独り子《モノゲネース》、すなわち叡知《ヌース》のみに知られ、その他のすべてのものには不可視であり、把握できないものであるという。彼らによれば、ヌースだけが父を眺めることを楽しんでおり、測り知れない彼の偉大さを思いみて歓喜していた。

（エイレナイオス『異端反駁』I.2.1）

父を知ってはならない

このようにヴァレンティノス派の教説によれば、プレーローマ界を構成する数々のアイオーンたちのなかで、父を知り、また自らを知っている者は、「独り子《モノゲネース》」（別名は「叡知《ヌース》」）と呼ばれるアイオーンのみであった。「父」は「子」のみによって知られ、そして「子」だけが、父の存在を表すことができるのである。すなわち、「父」と「子」のあいだには、鏡像的かつ想像的な一体性が特権的に確保されており、そしてその他のアイオーンたちは、このような完全な一体性から疎外されている。「他のアイオーンたちは、（子と）同じように自分たちの種子を流出したものを見たい、また初めのない根を観察したいと、密やかに憧れていたのだった」（エイレナイオス『異端反駁』I.2.1）。

アイオーンたちのなかで、このような欲望をもっとも激しく抱くようになったのは、『ヨハネのアポクリュフォン』の物語と同様に、末娘のアイオーンである「知恵《ソフィア》」であった。ソフィアは、自分も至高神から生み出されたアイオーンであるのに、どうして「独り子」（ヌース）と同じように父を知ることができないのかと憤り、彼に対して激しい嫉妬の感情を抱く。

それでは、ヌースへの嫉妬に駆られたソフィアは、次にどのような行動に出るのだろうか。前章で見た『ヨハネのアポクリュフォン』の記述と基本的には類似しているものの、ヴァレンティノス派はその光景を以下のように描いている。

最後の、そして最も若いアイオーン、すなわちソフィアは、さらに先に進んだ。すなわち、伴侶なるテレートスとの抱擁なしに熱情《パトス》にとりつかれた。……（中略）……ソフィアは愛を口実にして、しかし実際には、ヌースのように完全なる父と交わっていないゆえの軽はずみから、心変わりしたのである。さて、そのパトスは父の探求である。彼ら（ヴァレンティノス派）の言うところによれば、彼女は彼の偉大さを把握したいと欲していた。しかし彼女は、不可能な事柄に取り組んだため、それをなしえなかった。そして、父の深淵の大きさと、探り難さと、また彼に対する愛着のゆえに、まったくひどい苦悶に陥り、絶えず自分を前へ伸ばそうとした。このとき、仮に、全プレーローマを固め、そして言い表しがたい父の偉大さの外側で全プレーローマを見守っていた力《デュナミス》に出会わなかったとすれば、彼女は彼の甘美さに最後には呑み込まれ、存在全体のなかに消えてしまっていたことであろう。彼らはこの力を境界《ホロス》と呼ぶ。彼によってソフィアは制止され、固められた。そして、ようやくのことでわれに返り、父が把握できない方であることを納得し、あの激しい驚きのあまり、前の思い《エンテュメーシス》を、付随的に生じたパトスとともに棄てたのである。

（エイレナイオス『異端反駁』I.2.2）

いささか難解な記述ではあるものの、きわめて興味深い箇所である。どのような読解が可能だろうか。

最初に気づかされることは、この記述が濃厚な性的ニュアンスを帯びているということである。『ヨハネのアポクリュフォン』と同様に、ソフィアには「欲せられた者《テレートス》」という名の伴侶、彼女との「対《シュジュギア》」を形成する男性のアイオーンが与えられている。しかし彼女は、この所与の伴侶との交わりに満足しない。ソフィアは、父を知り、それとの交わりを成し遂げようとする。そして彼女は、その交わりのあまりの「甘美さ」ゆえに、自分自身を失いかけてしまう。

ここで描き出されているのは、端的に言ってしまえば、「父」なる至高神と「娘」なるソフィアのあいだの近親相姦という事態について、そしてその失敗、あるいはその禁止についてである。至高神の自己像が増殖することによって成立したプレーローマ界という空間においては、これまで「あなた」と「わたし」の区別が、厳密な仕方では設定されていなかった。しかし、娘が父に近づき、それと一体化しようとするという事件の発生を受けて、神々のあいだに明確な分離を設定しなければならないという要請が生まれる。

そのような要請を受けて登場する神格は、「境界《ホロス》」と呼ばれる。「境界」は、狂乱の熱情《パトス》に襲われて消滅の危機に瀕しているソフィアに、救いの手を差し伸べる。「境界」はソフィアからその熱情を切り離し、プレーローマ界の外部へ投げ捨てる。そしてソフィアを、彼女が本来占めるべき、「欲せられた者」との対の位置へと復帰させるのである。このように「境界」とは、美と光の全能性に満たされたプレーローマ界という空間に「限定」を与える者、そして、そこに住まうアイオーンの神々を相互に分離させ、それぞれの地位と役割を定める者なのである。

またその一方で、ソフィアが引き起こした事件を見た「独り子」は、新たに「キリスト」と呼ばれる神格を発出する。そしてキリストはアイオーンたちに、父が独り子以外には知られえない存在であること、各アイオーンは父を知ろうとせず、それぞれに与えられた伴侶との結合を守るべきであることを告知する。これを聞いたアイオーンたちは、深く納得して「真の安息」を受ける。同時に彼らは、あらためて父の崇高さを賛美し、その栄光を示すために、「救い主《ソーテール》」と呼ばれる新しい神と、その守護者である天使たちを発出したのである。

「境界」によって切り離されたソフィアの「熱情」がどうなるのか、また、新たに発出された救い主や天使たちにどのような役割が与えられるのかということについては、しばらく後に考察することにしよう。ここでさらに指摘しておきたいことは、次の二点である。

しばしばグノーシス主義は、人間と神の一体化を唱える「神秘主義」的な宗教思想であると言われる。確かに、本章の最後で扱う「新婦の部屋」というモチーフに見られるように、そのように解釈されうる側面もないわけではない。しかし、神秘主義という概念の内容を、その典型的な定義である「絶対者との合一」として捉えるならば、グノーシス主義の体系がそのような単純な枠組みに収まりきるものではないということは、これまでの考察から明らかだろう。

というのは、特に「父なる神」という絶対者に関する限り、それが究極的に不可知であり、人間のみならず、神々であるアイオーンたちにさえ合一が許されない存在であるという原則が、グノーシス主義の思想においては一貫して保持されているからである。この点においてグノーシス主義は、「娘」としての魂が「父」なる神を知り、究極的には一つになることを目指している新プラトン主義的な神秘主義からは、大きく一線を画していると言わなければならない。また、次章であらためて触れることになるが、キリスト教教父たちは、グノーシス主義者たちが父なる神を「知りえない」存在として描き出すことに憤り、これを激しく批判したのだった。

さて次に、「独り子」以外には知りえないという「父なる神」の姿を、ソフィアは一瞬であるとはいえ垣間見たわけであるが、その姿は果たしてどのようなものだったのだろうか。

その答えとは、おそらく先に見たように、父とは「深淵」であり、「鏡」である、ということであるように思われる。やや積極的な解釈を試みるとすれば、父が不可視であるということは、鏡そのものが不可視であるということに等しい。いくら鏡をのぞき込んでみても、そこに映っているのは鏡をのぞき込んでいる自分自身にすぎず、「鏡そのもの」を見ることはできないからである。

ソフィアがそこに見たものを想像してみよう。ソフィアが見たものは、自分自身の姿であると同時に、鏡という「無」であった。ソフィアはナルキッソスと同じように、自分自身の姿の美しさ、その甘美さに酔いしれる一方で、それがいくら手を伸ばしても自分のものにすることができない「虚無の深淵」であり、手に入れようとして深く身を伸ばせば、「死」のなかに飲み込まれてしまうということを知ったのではないだろうか。オウィディウスがナルキッソスの物語で描き出したように、自己愛の甘美さの裏には、死の棘《とげ》が潜んでいるのである。

しかし、ナルキッソスが自己像の前に凍りつき、ついには冥府へと誘われていったのとは異なり、グノーシス主義における「知恵」の物語は、ここから新たな展開を見せる。その物語においては、対象と完全に融合すること、その自己愛的な全能性が、実は行き場のない閉塞であることを知るという経験から、新しい自己認識の形式の模索が、そして自己と他者の新たな関わり方の模索が始まるからである。

3　奪われた自己像

羨望――見ることによる取り入れ

ソフィアは、父を知ることのできる「独り子」を羨望し、自らもまた直接父を知ろうとした。そして彼女は「深淵」である父との合一のあまりの甘美さゆえに、「存在全体のなかに消えて」しまいそうになる。しかし、そこに「境界」があいだに割って入ることにより、死の享楽から目を覚まされたソフィアは、ようやく我に返る。彼女は自分自身のいるべき場所を、平たく言えば「身の程」を知るに至り、自らの伴侶が待つ場所に戻ったのである。

これによりソフィアは、自分自身とは何者か、父との適切な距離はどのようなものかを認識し、自らの伴侶との「対」を形成して、「真の安息」を受ける。ソフィアが引き起こした事件は、いったんはこうして終息を迎えるのである。

しかしながらもちろん、グノーシス主義の物語の全体が、ここで終わるわけではない。ソフィアが抱いたパトスが「境界」によってプレーローマ界の「外」に投げ捨てられたように、プレーローマ界の外部には、アイオーンたちとは別の勢力が形を取り始める。そして、末娘のアイオーンであるソフィア以上に至高神から遠ざけられている彼らは、プレーローマ界という光の世界に、そして父なる「深淵」に浮かび上がる「人間」という形象に対して激しい羨望に満ちた眼差しを注ぎ、それを強引な仕方で自らのものにしようとするのである。

そこでこの節では、光の世界の外部に存在する闇の勢力が、どのような仕方で神的形象を自らのものとするのか、それを描いたモチーフについて見てゆくことにしよう。

ジャック・ラカンは、「羨望」という契機について次のように述べている。

「羨望 invidia」は「見る videre」に由来します。われわれ分析家にとってもっとも例証的な「羨望」は、私がずっと以前にアウグスティヌスの著作に見出し、そこからどんな境遇が導かれるかを解明した例、つまり、母の乳房にすがりついている弟を「苦々しい眼差し」で視ている子供の例です。この苦々しい眼差しが弟を分解し、自分自身にも毒の効果を及ぼします。……（中略）……何を前にして羨望は主体を青ざめさせるのでしょうか。それは、それ自体で閉じている一つの完全なものというイメージを前にしてです。（ラカン『精神分析の四基本概念』一五一〜二頁）

再びナルキッソスの神話を想起しよう。ナルキッソスは泉の水面に映った自分自身の姿を目にして、その美しさに酔いしれ、その場所で身動きが取れなくなってしまう。自己の鏡像の美しさに耽溺するという、きわめて倒錯的な仕方であるものの、欲望を完全に充足させるための対象を見出しているという意味において、これもまた「それ自体で閉じている一つの完全なものというイメージ」なのである。そして、ナルキッソスを深く愛している妖精エコーは、木の陰からこの光景を密かに見つめ、そこに羨望の眼差しを注いでいる。

　これまで述べてきたように、グノーシス主義の諸神話は、ナルキッソスの物語に立脚しつつも、それを別の方向へさらに展開させようとする。それによれば、プレーローマ界の外部に存在する闇の勢力は、プレーローマ界の内部に存在する「神の似姿」＝人間を羨望に満ちた眼差しで眺めるとともに、自らの欲望を満足させるためにそれを強引な仕方で奪い去るのである。

　前章で取り上げたように、『ポイマンドレース』の神話のなかには、ナルキッソスの物語とほぼ同様のモチーフが見られる。至高神の似姿を備えた「人間」は、至高神によって可視的世界の支配を委ねられ、天上からその世界をのぞき込む。そして「人間」は、その世界の水面に映った自己の姿の美しさに惚れ込み、身動きが取れなくなってしまう。

　おそらくそのとき「人間」は、自分と自分の鏡像以外には誰も存在しないと思い込んでいたことだろう。しかし、ナルキッソスの姿を密かにエコーが見つめていたように、そこには実は、別の存在者たちが潜んでいる。それは世界を支配する惑星天の神々であり、そして何より、「人間」の姿を映し出す鏡として機能している「自然《フュシス》」という存在である。フュシスは美しい人間の姿を目にすると、彼に向けて「愛をもって微笑む」。人間は、フュシスの眼差しに誘われるかのようにして下方に転落し、物質世界の愛欲の渦のなかに取り込まれてしまうのである。

　同様のモチーフは、『ヨハネのアポクリュフォン』にも見出すことができる。可視的世界を創造した後、ヤルダバオートが「私以外に神はいない」という高慢に満ちた言葉を宣言したのを耳にして、プレーローマ界のバルベーローは「人間と人間の子が存在する」と答えてそれに反駁し、自らの姿を地上の水面に映し出す。それを見たヤルダバオートとアルコーンたちは、自分以外の神々がいることに驚くとともに、そのあまりの美しさに圧倒される。ヤルダバオートたちは激しい羨望の念に駆られ、「その像がわれわれにとって光となるために」、バルベーローの姿を模してアダムを創造するのである。

『シェームの釈義』における「羨望」

グノーシス主義の諸神話のなかで、「羨望」というモチーフをもっとも鮮烈な仕方で描き出しているのは、『シェームの釈義』という文書である。この物語は、旧約聖書の『創世記』冒頭の場面に対する「釈義」として記述されている。

この神話によれば、世界の始源に存在したのは、「光」と「闇」、そしてそれらの中間にある「霊」であった。闇とは、光の世界の下方に広がる自然世界を表しており、その表面は水によって覆われている。『創世記』一章二節に記されているように、「地は形なく、むなしく、闇が淵のおもてにあり、神の霊が水のおもてを覆っていた」のである。

当初「闇」は、自分よりも上位に「光」や「霊」が存在することを知らなかった。しかしあるとき、ふとした切っ掛けからその存在に気づく。

さて、闇が動いたとき、霊の光が闇の前に現れた。闇はそれを見たとき、驚いた。闇は知らなかったのである、自分よりも上に別の力が存在するとは。そして闇は自分の外見がその霊に比べて暗いことに気がつくと、傷ついた。そして、その傷ついた思いから、自分のヌースを闇の諸々の肢体の高みへと送った。そのヌースとは、「苦い悪の眼」のことである。闇は自分のヌースによって、霊の諸々の部分の一つのかたちを取らせた。それは、自分の悪を霊が眺めれば、霊を自分に等しくすることができるだろうと考えたからである。しかし闇はそうすることができなかった。不可能なことをしようとしたからである。事は成らなかった。

（『シェームの釈義』NHC.VII.2-3）

『シェームの釈義』は、他のグノーシス神話と比較しても錯綜した記述が目立っており、幻想的イメージを不断に湧出させるその筆致は、読み手を当惑させずにおかない。この場面もいささか読み取りづらい箇所であるが、その概略は次のようなものである。

自分の上方に「光」と「霊」が存在することに気づいた「闇」は、自らを覆う水面に反射した光であると想定される「ヌース（叡知）」を用いて、「苦い悪の眼」を形成する。そして闇は、その眼によって光や霊の姿を凝視し、そこに存在する数々の美的形象を、闇の世界へ引きずり下ろそうとするのである。その試みはなかなか成功しないが、『シェームの釈義』においては、このような「羨望に満ちた邪視」のモチーフが幾度も反復され、それによって光の形象は、徐々に闇の世界に取り込まれてゆくことになる。

羨望に関するモチーフにおいても、そこで重要な役割を果たしているのは、泉の水面に映ったイメージの存在である。しかしそれは今や、自己同一性の確認という肯定的な意味合いにおいて現れるのではない。水面に映るイメージは、「自己」と「自己像」の分離を意味しており、「自己」から切り離された「自己像」は、他者の羨望の視線によって強引に奪い去られてしまうのである。

体内化——女性器に変貌する闇

『シェームの釈義』の物語を、もう少しだけ追ってみよう。「苦い悪の眼」によっては「光」を取り入れることになかなか成功しないことに苛立った「闇」は、最後には自分の姿を「女性器」へと変化させる。闇の世界の上部に形作られた「苦い悪の眼」は、今や女性器の「陰門」に変容し、その内部には「処女膜」や「胞衣《えな》（羊膜）」、「子宮」といった諸器官が形成される。

すると闇は、自分自身の世界に出現した女性器を見て、これに欲情を催す。そして闇は、自らを覆う水を風によってかき立てて、自己を愛撫する。それによって、陰門と化していた「苦い悪の眼」に裂け目が入り、光の世界の模像を数多く取り込んでいたヌースは、子宮のなかに落ち込んでゆく。こうして闇は、光の模像を自らの子供として、その内部に胚胎することになったのである。

類似のモチーフは、グノーシス主義の思想体系を継承したと考えられているマニ教の神話にも見られるので、ここで簡単に触れておこう。

マニ教の世界観もまた、「光の世界」と「闇の世界」という二世界論によって構成されている。あるとき、光の世界の「使者」が闇の世界に到来する。闇の世界に住む娘たちは、光の使者の美しい姿を目にして激しい欲情を催し、それによって腹に子供を身ごもる。そして彼女たちは、それぞれ子供を産み落としたのだが、しかしその姿は、光の使者とは似ても似つかないきわめて醜いものであった。闇の娘たちはかつて垣間見た光の使者の姿を思い描いては、「私たちが見たあの姿はどこにあるのか」と嘆き合う。

するとそこへ、闇の王の息子であるアシャクルーンがやって来て、闇の娘たちに「お前たちの息子たちと娘たちを私のところへ連れてきなさい。この私が、お前たちが見たという姿と同じものを造ってやろう」と告げる。闇の娘たちがそれに従うと、アシャクルーンは、彼女らが産み出した男の子たちを自分で、女の子たちをその妻に与えてそれぞれ食い尽くし、その後に互いに交じり合って、新たな男の子と女の子を産み落とした。その姿は光の使者と似通ったものであり、彼らはその子供たちに「アダム」と「エヴァ」という名前をつける。こうしてアダムとエヴァは、地上の人類の始祖になったのである。

人間の精神が他者のイメージを自己の内部に取り入れる場合、そこには三つの主要な形式があるように思われる。それは、「見る（羨望）」、「孕む」、「食べる」の三形式である。マニ教の神話においては、このような「取り入れ」の三形式が巧みに融合されている。闇の存在者たちは、光の使者の形姿を見つめ、孕み、食べることによって、それを自分たちの世界に取り入れる。マニ教の神話によれば、神の像はこのような凄惨な仕方で闇の世界に取り入れられ、神の似姿を持つ人間が造り上げられたのである。

凌辱される神

このように多くのグノーシス神話においては、光の世界に存在している神々は、闇の存在者から「見られる」ことによってその姿を取り込まれ、彼らの住む世界に転落してしまう。その具体的な経緯にはさまざまなバージョンがあるものの、闇の世界の水面に映る自己像の存在が、その端緒となっているケースが多い。そしてそれは、鏡が自己同一性を与えるものであると同時に、自己を分裂させ、疎外させるものでもあるという事実を証し立てていると考えることができるだろう。

可視的世界に転落した神、あるいは神の姿を模して創造された人間は、その姿の美しさゆえに、闇の存在者たちが抱く欲情の対象となる。そして、度重なる凌辱に翻弄されているうちに、彼(女)は自分自身の「真実の故郷」を忘却してしまう。

まずは前章で見た二つの神話について、このようなモチーフの描かれ方を確認しておこう。『ポイマンドレース』においては、「人間」はその美しさに見惚れた「自然《フュシス》」や惑星天の神々によって可視的世界に引きずり下ろされ、愛欲の渦のなかに巻き込まれる。さらに人間は、この世の支配者である惑星天の神々から悪しき情欲の数々を植えつけられ、運命的な交接と生誕のサイクルから逃れられなくなってしまうのである。

『ヨハネのアポクリュフォン』においては、このモチーフは「エヴァの誕生」というエピソードに明示的に現れる。「生命の霊」が宿ったエヴァの姿の美しさを目にして、造物主ヤルダバオートは性欲を激しく惹起される。そしてヤルダバオートがエヴァを凌辱したとき、「生命の霊」はすでにそこから逃げ去っていたのだが、その行為からは「カイン」と「アベル」という新たな人間たちが生み出される。彼らの肉体には、「生命の霊」を模倣して造られた「模倣の霊」が植えつけられ、こうして生み出された人間の種族は、交接と殺害の欲望に絶えず駆り立てられる。人間は放恣《ほうし》な性行によってその数を増やし、地に満ちては、互いに争い合い、殺し合うのである。『ヨハネのアポクリュフォン』はこれを、「運命の鎖」と呼んでいる。

人類の誕生と死のプロセスは、その正体が明らかではない欲動に突き動かされながら、絶えず反復され、連綿として継続する。グノーシス主義はこのような形で、ストア主義的な運命論と、オウィディウス的な性愛論を接続させるのである。

しかし言うまでもなくグノーシス主義は、「愛《アモル》を説く師」としてのオウィディウスのように、性愛に耽溺することを肯定するのではない。また、ストア派の哲学のように、運命の法則にしたがって生きることを理想として掲げるわけでもない。性愛の欲望に突き動かされて誕生と死を繰り返すことこそが「運命の鎖」なのであり、そのメカニズムを説き明かすこと、そしてそこからの離脱を図ることが目的とされるわけである。

前章では触れることができなかったが、『ヨハネのアポクリュフォン』の末尾近くには、しばしば悪しき天使たち自身が「模倣の霊」をまとい、人間の娘たちに近づいては、その夫であるかのように振る舞うことによって彼女たちを凌辱した、というエピソードが挿入されている。闇の勢力は、光の神々から取り入れた美しい姿に変容することによって、人間たちの目を欺き、その性欲を充足させる。そして『ヨハネのアポクリュフォン』によれば、人間たちは偽りの神の姿に魅了されることによって、その原型である真実の神の存在を忘却してしまったのである。

『魂の解明』

ヴァレンティノス派のテキストの一つと見なされている『魂の解明』では、「凌辱される神」というモチーフについての詳細な記述がある。この物語の主人公である「魂」は、かつて父なる神とともに「処女の部屋」に住んでいたが、そこから地上の身体に落下してしまう。しかし、それがどのような原因で、またどのような経緯で起こったのかということについては、この神話で明示的に語られることはない。「彼女は、その父の家から落ちて以来、もはや記憶がないのである」。

転落した「魂」に対して、闇の勢力は欲望を抱いて接近する。その様子は次のように描かれている。

彼女（「魂」）はその身体で春をひさぎ、すべての人々に身を渡した。そして彼女は、自分が身を寄せた人を自分の夫と信じたのである。彼女は、不信・無法の姦淫者どもに身を渡し、彼らが彼女を辱《はずかし》めたので、深く嘆き、後悔した。しかし再び彼女が、これらの姦淫者どもから顔をそむけ、他の人々のもとに走ると、彼らは彼女に強いて、彼らと共にいさせ、彼らに褥《しとね》の上で、主人に対するごとく仕えさせるのであった。しかし彼女は、羞恥のあまり、もはや敢えて彼らのもとから離れなかった。他方彼らは、長いあいだ彼女を騙し続けた。あたかも彼女をひどく尊敬しているかのごとく、忠実な本当の夫を装って。そして結局のところ、彼らは彼女を棄て、去り行くのであった。

（『魂の解明』NHC.II.128）

父なる神の娘である「魂」はおそらく、別の神話における「ソフィア」と同じように、父との合一を求め、それを拒絶されることによって地上世界に転落したものと想定される。そしてまさにこうした経験のゆえに、「魂」は、愛を成就させたいという一途な願望をとりわけ強く抱いている。しかし、「魂」のこのような心理は、闇の勢力たちの付け入る隙となる。彼らは「忠実な本当の夫」であるかのように装って彼女に近づくものの、彼女を利那的な快楽の手段として凌辱した末に、彼女を捨て去ったのである。

地上世界において「魂」は、さまざまな者たちによって幾度も凌辱され続ける。ある意味ではこの行為は、フロイトが「運命神経症」と名づけたように、父に向けた最初の愛が拒絶されたことにその原因があると考えることもできるかもしれない。「魂」は、最初の愛が拒絶され、破綻したことを心理的に抑圧し、すでに忘却している。しかしその事実は心的外傷として無意識のうちに刻み込まれており、それゆえに「魂」は、愛情関係の破綻を幾度も強迫的に反復してしまうことになるのである。

シモン派の神話

この節の最後の例として、多くのキリスト教教父によって諸異端の源流として位置づけられている、シモン派の神話を挙げておこう。教父エイレナイオスが報告するシモン派の神話において、天界から墜落するのは、至高神の伴侶として存在する女神の「思考《エンノイア》」である。エンノイアは至高神の意志によって世界の創造を委ねられ、そのために必要な天使たちを生み出した。「しかし彼女が天使たちを生み出した後、彼らは羨望に突き動かされて彼女を拘留した。なぜなら彼らは、自分たちが何か他の者によって生み出された者だと見なされたくなかったからである」（エイレナイオス『異端反駁』I.23.2）。

天使たちの羨望によって、エンノイアは地上世界に引きずり下ろされ、彼らからの凌辱を被る。「彼女は彼らからあらゆる種類の凌辱を受け、そのために父のもとに帰ることができず、人間の肉体へと閉じ込められ、何世代にも渡って女の肉体から肉体へ、器から器へと移っていった」（同前）。

その姿の美しさゆえに、エンノイアは地上の支配者たちの激しい欲望を惹起する。彼女は数々の支配者たちに凌辱されながら、そのたびごとに自らの姿を変容させ、世界を渡り歩いてゆく。世の支配者たちはエンノイアの美貌をめぐって争い合い、この神話では、トロイア戦争の原因となった美女ヘレネもまた、エンノイアの化身の一つであった、と解釈されている。

4 仮現論――真実の神の変容

神が意図的に自己の姿を露出する

こうして、泉の水面に浮かび上がった至高神の「自己像」は、今や彼の手を離れてプレーローマ界から転落、流出し、外的な他者たちによる羨望や簒奪、あるいは凌辱の標的となる。そして、以降の物語の展開においては、可視的世界に転落してたび重なる苦難に見舞われる「神の像」がいかにしてその苦境から逃れ出るのか、また神的世界からどのような仕方で救済の手が差し伸べられるのか、という事柄が主要なテーマとなるのである。この節でも、いくつかの神話から具体例を取り出しながら、考察を進めてみよう。

この節で最初に参照したいのは、直前で扱った「シモン派」の神話、しかも先ほどと同じく「エンノイアの凌辱」を描いた場面である。『薬籠』という異端論駁書を著したエピファニオスもまた、エイレナイオスと同様にその著作においてシモン派の神話について報告し、女神エンノイアの凌辱というトピックについて触れている。その記述は次の通りである。

> 彼（シモン）はこれについて次のように語っている。その力（エンノイア）は、姿を変えながら上から下へと降り立った。そして詩人たちは、このことをさまざまなアレゴリーを用いて語ったのだ、と。これらの天使たちは、上からの力――彼らはそれを「娼婦《プルーニーコス》」と呼ぶが、他の諸宗派では「バルベーロー」と呼ばれる――を求めて争い合った。というのは彼女は、その美しさによってこの世界を創造した支配者《アルコーン》たちを熱狂させ、彼らを略奪するという目的で派遣されたからである。彼女は何の苦難も被らなかったが、彼女は自分に対する彼らの欲望をかき立て、彼らを互いに殺害し合うまでに至らしめた。彼女が帰昇しないように拘留しようと、彼らは皆、彼女の女の肉体、あるいは牝の肉体――彼女は人間や牛などの、さまざまな牝の肉体から肉体へと変転し続けたからである――のそれぞれと関係を持った。そして彼らは互いに殺し合い、血を流すことによって、自ら衰弱してしまったのである。そして再び力を集めることによって、彼女はもう一度天に昇ることができるのだった。
>
> （エピファニオス『薬籠』21.2.5-6）

エイレナイオスの報告と比較した場合に興味深く思われるのは、物語のプロットがほぼそのまま踏襲されているにもかかわらず、解釈の仕方が一八〇度転換しているということである。エピファニオスの報告するシモン派の神話においても、女神エンノイアは天上世界から下方に転落し、世界の支配者《アルコーン》である天使たちからの凌辱を受ける。しかしこのバージョンの解釈によると、このような出来事は実は、女神エンノイアが周到に計画して行ったものなのである。

エンノイアは、自らの美しさを自覚した上で、あえてその姿をアルコーンたちの目にさらす。そして彼女は、アルコーンたちのさまざまな欲望に見合うように、その姿を変容し続けるのである。アルコーンたちは彼女を求めて争い合い、そのために徐々に衰弱してしまう。そしてエンノイアは、彼らからその力を奪い去り、再び上なる世界へと帰昇するのである。

闇の存在者が光の存在者を凌辱しているように見えながらも、実際はその行為が逆手に取られており、闇の存在者が凌辱、弱体化されるということ。このようなモチーフは、マニ教の神話にも見られる。

マニ教の教説によれば、闇の世界の存在者たちは、光の世界に由来する粒子をさまざまな仕方で自己の内部に取り込んでしまう。これに対して「光の使者」は、彼らが捕縛した光を奪還するために、マニ教の用語で「船」と呼ばれる、太陽と月へと到来する。そして光の使者は、天空から自らの姿を、意図的に彼らの目にさらすのである。

光の使者の美しい姿を目にして、すべてのアルコーンたちは性的な欲情に満たされる。彼らは性欲に促されて体液を射出し、それによって、呑み込んでいた光を体から漏らしてしまうのである。そして「光の使者」は、漏れ出た光を彼らから奪い去り、少しずつ光の世界へと戻してゆく。マニ教の教義によれば、月が満ち欠けを繰り返すのは、そのような光の回収作業が進行していることを示すものなのである。

『この世の起源について』におけるエヴァの凌辱

次に再び、「エヴァの凌辱」について描かれた場面を見よう。『ヨハネのアポクリュフォン』によれば、エヴァはその美しさゆえにヤルダバオートによって凌辱され、そしてその行為の結果として、カインやアベルという厭《いと》わしい種族が誕生したのだった。これに対し、『この世の起源について』というテキストでは、同じ場面が次のような仕方で記述されている。

彼ら（アルコーンたち）はアダムのところへやってきた。彼らはエヴァが彼と話しているのを見て互いに言った、「この光るものは一体なんだろう。それは、われわれに光のなかで現われた模像にまったくよく似ているからだ。さあ、集まれ、彼女を捕まえよう。そして彼女にわれわれの種子を浴びせよう。彼女は一度汚されれば、自分の光に向かって戻っていくことはできなくなるであろう。」……（中略）……そのとき、エヴァは――彼女は力ある者であったので――彼らの思惑をあざ笑った。彼女は彼らの目に霧をかけ、密かに自分の模像をアダムの傍らに横たえた。……（中略）……その後、彼らは眠りから覚めたとき、アダムのところへやってきた。そしてこの女の模像を彼の側に見つけて、動揺した。なぜなら彼らは、それが真のエヴァであると思ったからである。彼らは彼女のもとへやってくると、彼女を捕まえ、その上に自分たちの種子を浴びせた。……（中略）……彼らは誤った。なぜなら彼らは、他でもない自分たちの身体をこそ汚したことを知らなかったからである。権威たちと彼らの天使たちがありとあらゆる仕方で汚したのは、模像であった。

（『この世の起源について』NHC.II.116-117）

ここでもまた、『ヨハネのアポクリュフォン』とほぼ同様のプロットが踏襲されながらも、その描き方が相当にニュアンスを異にしていることが見て取れる。『この世の起源について』におけるエヴァは、アルコーンたちが自分を性的欲望の標的にしていることに、事前に気づいている。そしてエヴァは、彼らの企みを一笑に付した上で、さらにはそれを逆手に取る行動に出る。彼女は自らの「模像」を作り上げて彼らの目にさらし、そしてアルコーンたちは、エヴァの模像に欲情してこれに精液を浴びせかける。しかし、他者との交わりであるかのようなその行為は、実は孤独な自慰行為に他ならず、アルコーンたちはこれによって自分自身を汚してしまったのである。

変身するロゴス

神がその姿によって闇の存在者を欲情させるというモチーフは、『シェームの釈義』においても詳細に描かれている。先に見たように、女性器へと変貌した「闇」は、自己の内部に「ヌース」を幽閉してしまう。これに対して光の世界からは、「デルデケアス」という名の救済者が派遣され、闇からヌースを解放しようと試みる。彼は、「光の衣」、「火の衣」、「獣の衣」という三つの衣を身にまとって、闇の前に現れるのである。

自分自身の前に現れた救済者デルデケアスの輝きを見た闇は、その美しさに再び興奮を覚え、情欲に促されながら動き始める。しかし闇はそれによって、自らの内部に幽閉していたヌースを、また数々の「光の模像」を、少しずつ外部へと漏らしてしまうのである。これによって闇の世界はさらに変貌を遂げ、光の世界に類似した世界へと徐々にその形を変えてゆくことになる。

最終的に救済者デルデケアスは、「獣の衣」をまとうことによって闇を刺激し、世界の創造を完成させる。それでは、救済者がまとった「獣の衣」とは、具体的にはどのようなものだったのだろうか。『シェームの釈義』の錯綜した記述では、それを明確に読み取るのが難しい。これに対し、教父ヒッポリュトスの著した『全異端反駁』に収録され、『シェームの釈義』とほぼ同様のプロットを有する『セツの釈義』という物語には、その部分が次のように記されている。


天上の光であるまったきロゴス（救済者）は、その形を獣へと変貌させる。その獣とは、汚れた子宮のなかに入った蛇であり、ロゴスは獣それ自身の外見によって、子宮を欺くのである。それはロゴスが、水の最初の子孫、すなわち、蛇、風、そして獣によって、子宮の不浄性のなかへと生み落とされた完全なるヌースを取り囲む鎖をほどくためである。彼が言うには、これがしもべの形であり、そしてこれこそが、神のロゴスが処女の子宮へと到来しなければならなかった理由である。

（ヒッポリュトス『全異端反駁』V.14）

救済者である「ロゴス」は、「蛇」の姿を呈して、子宮の内部に侵入する。子宮に侵入する蛇——この形象が「男根」の隠喩であることは、あまりにも明白だろう。救済者は、男根というその姿によって、女性器である闇を欺き、彼女を欲情させ、その内部に奥深く侵入するのである。同時に『セツの釈義』では、救済者としてのロゴスが子宮の内部に侵入したというエピソードが、福音書における「処女懐胎」の説話をアレゴリー的に解釈するために用いられている。すなわち救済者は、男根の形姿を装うことによって子宮の内部に侵入したものの、しかしその交接は、あくまで「見せかけ」のものにすぎなかった。聖母が胎内にイエスを宿しながらも、処女のままであったというのは、実はこのような出来事を暗示しているのだ、と。

プレーローマ界から転落した神は、その美しさゆえに、当初は闇の勢力によって性的な凌辱の対象とされる。しかし神は次第に、自分が「見られる存在」であることを意識するようになる。そして神は、世の支配者たちの欲望を事前に読み取り、それに応じて自らの姿を意図的に変容させる。グノーシス主義における神は、今や自ら積極的に、世界に「見せかけ」を散布しさえするのである。

欺く神——シモン派の仮現論

闇の勢力から凌辱を受けているように見えながらも、その本質自体は決して「受難」することなく、むしろ偽りの表象を自ら操作することによって、救済の計画を密かに推し進めるということ。このような事柄は、伝統的な神学用語において「仮現論」と呼ばれてきた事柄に重なり合うものと考えることができる。

「仮現論《ドケティズム》」という用語は、ギリシャ語の「ドクサ（見せかけ、思い込み）」という言葉に由来し、広い意味で言えば、地上のキリストとは天上的存在者としてのキリストの「幻影」であると主張するキリスト論を指す。要するに、地上に現れたキリストはただ単に「そう見える」だけのものであり、その実体は地上にではなく、あくまで天上にある、というわけである。

しかしグノーシス主義に見られる「仮現論」のあり方について言えば、それはさらに積極的な意味合いを持っていると言わなければならないだろう。グノーシス主義における救済者は、単に天上的な存在者の「幻影」として地上に現れるというばかりではない。先に見たように、グノーシス主義の神はその姿を自ら変容させ、可視的世界を支配する者たちの目を欺こうとするのである。

グノーシス主義がきわめて多数の神話を生み出すことになったのは、真実の神が自らその姿を変容させると想定する、このような観念に起因すると考えられる。グノーシス主義の神話では、神の姿が悪しき者たちによって奪い取られ、偽りの模像が生み出されるというのみならず、真実の神が偽りの神の姿を逆に模倣することもあるため、両者の抗争は混迷の度合をいっそう深めてゆく。そしてその過程で、世界は「見せかけ」によって満たされるのである。

グノーシス神話に描かれた仮現論の例を、いくつか検討することにしよう。まずは再び、シモン派の神話について取り上げてみる。エイレナイオスの報告によれば、シモンという「異端者」は、自分こそが救済者の化身であるということを主張していた。救済者シモンは、転落した女神エンノイアを救い出すため、自ら可視的世界に到来したのである。

シモンは次のように言う。まず彼女（エンノイア）を目覚めさせ、枷《かせ》から解放するために、そして次に、彼を知ることによる救いをすべての人間にもたらすために、彼はやって来たのだ、と。天使たちは、それぞれにこの世の主になろうと欲したため、この世は悪く統治された。彼はその状況を正すためにやって来た。彼は下った、姿を変え、諸権力と諸権威と天使たちの似像となることによって。最後に彼は、人間のなかに——彼自身は人間ではないが——人間として現われた。彼はユダヤにおいて受難したと思われているが、実際には受難したのではない。（エイレナイオス『異端反駁』1.23.3）

救済者シモンは、諸天を支配する悪しき天使たちの姿を自ら呈することによって、可視的世界に降り立つ。それでは、彼はなぜ天使たちに変装しなければならなかったのだろうか。シモン派の教説に関するエピファニオスによる報告では、その理由が次のように記されている。

各々の天で私（シモン）は姿を変えた。その姿とは、各々の天にいる存在をかたどった姿であって、それを支配する天使たちに気づかれることなく、私がエンノイアのもとまで下りることができるよう

にするためだった。（『薬籠』21.2.4）

悪しき支配者たちの統治する世界へ密かに降り立つために、救済者が変容するというモチーフもまた、グノーシス神話に数多くの類例が見られる。例えば、長大な文書である『ピスティス・ソフィア』によれば、聖母マリアに処女懐胎を告知した天使ガブリエルこそが、実は変身したキリストに他ならなかった。あるいは、エイレナイオスの報告するヴァレンティノス派や、ヒッポリュトスの報告するケリントス派によれば、イエスは洗礼の場面に現れる鳩の形姿で、密かに世界に降り立ったのである。

このように救済者は、支配者たちに気づかれることなく世界に到来するが、やがて彼らは、自分たちの知らない「真実の神」が訪れたこと、そして彼が偽りの神々の正体を暴露し、この世に終末をもたらそうとしていることを察知する。ゆえに支配者たちは、救済者を捕らえ、これを磔刑によって殺してしまおうとする。

先に見たシモン派の教説によれば、シモンは自分こそがキリストの化身であること、そして「ユダヤにおいて受難したと思われているが、実際には受難したのではない」ことを主張している。キリストの磔刑の場面において、実は「キリスト」と「シモン」が入れ替わっており、救済者自身は受難しなかったというエピソードは、グノーシス主義のいくつかの文献に記されている。例えばエイレナイオスは『異端反駁』において、バシリデースという異端者の教説として、次のような一場面を紹介している。

生まれも名前もない父は、彼ら（悪しき天使たち）が滅ぼされるべきであると考え、彼の独り子である「叡知《ヌース》」（彼はキリストとも呼ばれる）を、彼を信じる人々のもとへと派遣した。それは彼らが、世界を創造した諸力から解放されるためであった。キリストは、地上で人間として、これらの諸力の民の前に現れ、数々の奇跡を行った。そのため、彼自身が受難するということはなかった。というのは、受難したのは彼ではなく、十字架を背負わされたキュレネのシモンという人物だったからである。シモンこそが、彼（キリスト）によって姿を変えられ、無知と迷いによってイエスであると思い込まされて、十字架に付けられたのである。イエス自身はシモンの姿となり、そのそばに立って彼らを笑っていた。

（エイレナイオス『異端反駁』1.24.4）

ここで登場する「シモン」とは、正典福音書において、磔刑のための十字架をゴルゴタの丘まで運ぶという役割を与えられている人物である。そしてバシリデースの教説によれば、ゴルゴタの丘までの道程でいつの間にかイエスとシモンが入れ替わっており、実際に磔刑に処せられたのは、実はシモンなのであった。地上の支配者たちは、イエスを殺すことができたと考えたが、それは彼らの「無知と迷い」を証し立てるものに他ならなかった。その光景を見て、イエスは笑っていたのである。

このようにイエスは、支配者たちの眼に自らがその計略によって殺害されたかのような偽りのヴィジョンを与えることで、逆にその目を逃れる。そして彼は、「模像のエヴァ」に欺かれて自らを汚したアルコーンたちに対してエヴァがそうしたように、アルコーンたちを嘲笑するのである。

少し余談となるが、多くのキリスト教教父たちは、『使徒行伝』八章九節に登場し、使徒たちから聖霊の力を金で買おうとした「魔術師シモン」（後に「聖職売買《シモニー》」の語源となった）を、そこからさまざまな異端が発生することになった「諸異端の祖」として位置づけている。それでは、「諸異端の祖」としてのシモンという人物は、果たして歴史的に実在したのだろうか。

シモン派にせよバシリデース派にせよ、「シモン」にまつわる教説は各文書によってかなりの程度異なっているため、研究者たちの見解も分かれているが、私自身は、このような人物が歴史的に実在したということは、きわめて疑わしいと考える。「異端の祖」としてのシモンの人物像とは、福音書に描かれた十字架の運び手であり、グノーシス主義的な仮現論においてキリストの身代わりと捉えられたシモンと、『使徒行伝』に登場する「魔術師シモン」という二人の人物が、論争や伝承の過程で次第に融合することによって作り上げられたものなのではないだろうか。

教父ヒッポリュトスはシモンを、「イエスの物真似師」として捉えている。彼はイエスと同じように、死の三日後に蘇ってみせると宣言し、弟子たちによって密かに生きたまま埋葬されたが、そのまま墓から出てこなかったという。笑い話としては良くできているが、史実としての信憑性は限りなく低いと言わざるをえないだろう。

鏡としての仮現論――『フィリポによる福音書』

再び仮現論の問題に戻ろう。可視的世界において自らの存在や本性を隠蔽するための効果的な手法とは、現存する場所からただ単に逃げ去ってしまうことではない。なぜならそのときには逆説的にも、自身の「不在」という刻印が、明確な仕方でそこに残されてしまうことになるからである。むしろその最良の手段は、自らを「鏡」として機能させることによって、他者が「わたし」に望むその姿を、あたかも自分本来の姿であるかのように装うことである。そのとき他者は「わたし」を見ていると思い込むが、決してその本質を捉えることができない。

『フィリポによる福音書』では、キリストが彼を眺める人々に応じてその姿を変容させたということが記されている。彼はあたかも「鏡」であるかのように、彼を見る人に対して、その人自身の姿をそのまま映し返したのである。

イエスは彼らすべてを密かに欺いた。なぜなら、彼は彼が実際にそうであったような姿では現れなかった。むしろ、人々に見られうる姿でこそ現れたのである。この者たちすべてに彼は現れた。大いなる者には大いなる者として現れた。小さな者には小さな者として現れた。天使たちには天使として現れた。そして人間たちには人間として現れたのである。このために彼の言葉《ロゴス》は、あらゆるものに向かって自らを隠してしまった。確かにある者たちは、彼を見て、自分たち自身を見ているのだと思い込んだ。

　だが、彼が彼の弟子たちにあの山の上で栄光のなかに現れたときは、彼は小さくなかった。彼は大きくなった。しかし、彼は弟子たちをも大きくした。それは彼らが彼の大きいことを見ることができるようになるためであった。彼はその日、感謝してこう言った、「完全なる方、すなわち、光を聖霊と一つにされた方、天使たちを模像であるわれわれとひとつならしめて下さい」と。

（『フィリポによる福音書』NHC.II.57-58）

　可視的世界に到来した救済者イエスは、彼を見る者に対して、その人自身の姿を映し出す。それによって彼は、自らの本性を巧みに「隠蔽」するのである。

　しかし、イエスはそれによって、ただ単に「隠れた」だけではない。イエスが弟子たちを連れて山に登ったとき、彼は栄光のなかに現れ、弟子たちに彼ら自身の姿を見せると同時に、彼らのより大きな姿を「開示」する。その大きな姿とは言わば、将来において彼らがあるべき姿であり、彼らがこれから目指すべき理想的な姿なのである。そして弟子たちがそのような姿を獲得するとき、彼らはイエスが引き連れている天使たちと「一つになる」ことができる、とされている。

　ここで描かれているのは、鏡として存在する救済者の持つ、「隠蔽」と「開示」という二重の機能だろう。先に述べたように、救済者は鏡として存在することによって、自らの本性を巧みに「隠蔽」する。しかし他方で、救済者はそれによって、彼を見る者の本性を「開示」しもするのである。

これまでに見てきた鏡の両義性、あるいは知的認識の両義性という要素は、ここでも重要な役割を果たしている。

より大きな自己の姿を見ることによって、模像である人間たちが、天使たちと「一つになる」ということ――。このようなモチーフは、グノーシス主義における終末論と密接に関わるものであるため、そのことを次に見てゆこう。

5 新婦の部屋

グノーシス主義における終末論

さて、これまで本章では、複数のグノーシス神話を横断的に取り上げ、至高神のみが存在する始源的状態から、プレーローマ界の成立を経て、可視的世界が創造される過程について考察してきた。それではグノーシス主義の思想によれば、世界はこれからどうなるのだろうか。

グノーシス主義は一般に、現世に対する否定的な姿勢と、そこから必然的に導き出される「終末論」的な傾向によって知られている。そしてもちろん、多くのグノーシス神話が何らかの仕方で終末論を含んでいるということ自体は、否定しえない事実である。しかしながら、例えば新約聖書の末尾に収められた『ヨハネの黙示録』のように、終末において世界が崩壊する様子や、神と悪魔との戦いの有り様がそこに詳細に描かれているかと言えば、実際には決してそうではない。グノーシス主義は新約聖書のなかでも、世界の終末の姿を壮大に描く『ヨハネの黙示録』にはほとんど何の関心も示していない。そして予想に反して、グノーシス主義のテキストが終末について割く記述の量と内容は、全般的にあっけないほどあっさりしたものとなっている。

「終わり」を表すギリシャ語の「テロス」という言葉は、英語のendやフランス語のfinと同様に、単に物事の「終わり」を意味するだけではなく、これまでの数々の出来事が生起してきたその「目的」をも意味する。この意味において終末論とは、世界の来歴を踏まえた上で、「それではわれわれは、何のために生きてきたのか」という人生の目的を、そして「われわれは今後どうあるべきか」という実践的な主題に関わるものであると言うことができるだろう。

終末論の問題については、次章でも再び視点を変えて考察することになるが、ここで指摘しておきたいのは、グノーシス主義という思想体系を全体として評価した場合、その性質は実践的なものというより、多分に理論的で分析的なものである、ということである。グノーシス主義は、現在の世界がなぜこのような形で成立したのかという事柄については、きわめて能弁に物語を紡いでゆくのだが、それではこれからどうすれば良いのかという事柄になると、その思想の活力は途端に鳴りを潜め、記述の仕方も舌足らずで散漫なものとなってしまう。また、各文書や宗派における相互の食い違いも目立つようになってくる。平たく言ってしまえば、グノーシス主義は、物語の「落ち」を付けるのがあまり上手くないのである。

ヴァレンティノス派の体系と終末論

グノーシス主義における終末論のあり方が全体としてこのような性質であることを踏まえた上で、その思想傾向にふさわしい終末の形を比較的明瞭に描き出すことに成功した宗派を考えてみると、それはヴァレンティノス派であったと言うことができるだろう。ヴァレンティノス派における終末論は、「新婦の部屋」というモチーフによって表現されている（しかし序章でも述べたように、「ヴァレンティノス派」の歴史的な実体もそれほど明らかなものではなく、「新婦の部屋」に関する記述が出てくれば、逆にヴァレンティノス派のテキストとして見なされるというケースも多い）。

それでは、「新婦の部屋」とはどのような存在なのだろうか。それを理解するために、ヴァレンティノス派の体系全体を、ここで簡単に要約しておこう。

本章の前半部で見てきたように、プレーローマ界に属するアイオーンたちのなかで、その末娘に当たるソフィアは、身の程をわきまえずに「父なる神」と合一しようとすることにより、熱情《パトス》に満ちた狂乱状態へと追い込まれる。ソフィアはいったんは消滅の危機に瀕するものの、「境界《ホロス》」によって救い出され、彼女自身が最初にいた場所に復帰させられる。それとともに、ソフィアが生み出したパトスは彼女から切り離され、プレーローマ界の外部に捨て去られるのである。

こうした危機を回避した後、他のアイオーンたちの動揺を静めるため、また、二度と同様の事件が引き起こされないようにするため、父なる神は「独り子」に対して、新たに「キリスト」と「聖霊」を流出させる。キリストはアイオーンたちに、至高神が不可知の存在であることをあらためて告知し、アイオーンたちはこれによって「真の安息」にあずかる。そして彼らは、至高神の崇高さを賛美し、その栄誉を表すために、「救い主《ソーテール》」という新たな神を、そしてその供となる「天使たち」を流出するのである。

その一方で、プレーローマ界の外部に捨て去られたソフィアのパトスは実体化し、新たな神格となる。この神は、プレーローマ界の内部にとどまった「上なるソフィア」に対して、「下なるソフィア」、あるいはヘブライ語で「知恵」を意味する「ホクマー」という言葉にちなんで、「アカモート」と呼ばれる。アカモートは、すぐさまプレーローマ界へと帰昇しようとしたが、「境界」に阻止され、戻ることができなかった。

こうしてアカモートは、「悲しみ」や「恐れ」という否定的な感情に陥るとともに、自らの行いを深く後悔し、プレーローマ界への「回心」を行った。また、自らを救い出してくれるよう、キリストへの「祈り」を捧げた。

すると、アカモートの否定的な感情からは「物質」が、回心からは「魂」が生成した。また、アカモートの祈りを聞いたキリストは、彼女を助けるために救い主を派遣する。そしてアカモートのもとに到来した救い主は、彼女から悪しき感情をぬぐい去ったのだった。アカモートが救い主とその従者である天使たちを喜びをもって見つめると、そこに「霊」が生み出された。

そして、アカモートは感情から解放されたとき、救い主のなかの光、すなわち彼とともにいる天使たちを、喜びをもって眺めて彼らに発情し、その模像に従って実を孕《はら》んだ。すなわち、救い主の守護者たちとの類似に従って生じた霊的胎児を身ごもったと、彼ら（ヴァレンティノス派）は教えるのである。

（エイレナイオス『異端反駁』I.4.5）

こうして、プレーローマ界の外部の世界には、「霊」「魂」「物質」という三つの要素が出現した。そこでアカモートは、「魂」から造物主《デミウルゴス》を造り出し、その行いを背後から操って「物質」世界を創造させ、彼をこの世の神であり、父でもある存在へと仕立て上げた。また、造物主が人間を創造した際には、その内部に密かに「霊」を植えつけたのである。

大地に蒔かれた種子のように、霊は物質世界のなかで成長を遂げる。ヴァレンティノス派の教説ではしばしば、物質世界は霊のための「訓育の場」として捉えられており、他のグノーシス諸宗派のように、その存在が厳しく敵視されているわけではない。しかし霊が成長を遂げて完成すると、物質世界はその役割を終え、燃え尽きて無に帰してしまう。そしてそのときアカモートと霊たちは、物質世界を離れてプレーローマ界へと上昇する。

さて、（霊的）種子がみな完成されるときには、彼らの母なるアカモートは、中間の場所から離れてプレーローマの内部に入り、その花婿なる救い主、すなわち、すべてのアイオーンから生じた方を受ける。それは、救い主と、ソフィアすなわちアカモートとの対が生じるためである。そして、これが花婿と花嫁であって、「新婦の部屋」は全プレーローマであるという。そして、霊的な人々は魂を脱ぎ捨てて叡知的な霊となり、制止されずに、見えない形でプレーローマの内部に入り、救い主の従者たる天使たちに花嫁として委ねられる。

（エイレナイオス『異端反駁』I.7.1）

以前にアカモートは、プレーローマ界へ戻ろうと試みたものの、それを「境界」によって遮《さえぎ》られてしまった。しかし今回は、そのようなことはない。というのは、アカモートや霊たちには、今や彼らがプレーローマ界で占めるべき場所が準備されているからである。アカモートは救い主と、霊たちは天使たちとともに「対《シュジュギア》」を形成する。プレーローマの神々は彼らの帰還を祝福し、プレーローマ界全体が「新婦の部屋」という婚礼の舞台となる。このような光景が、ヴァレンティノス派の歴史観における終極の姿なのである。

新婦の部屋——自己と他者の新たな結合の様式

ヴァレンティノス派の教説によれば、世界の終末に待ち受けるもの、そして人間の生の目的となるものとは、新プラトン主義の説くような「父なる神」と「娘なる魂」の神秘的合一ではない。あるいはストア派のように、終末なき永劫回帰する世界観を前提とし、運命論に基づく禁欲を行うことでもなければ、オウィディウスの性愛論のように、性的欲望の限りない波に身を委ねてゆくことでもない。そうではなくそれは、真実の伴侶との「対」を形成すること、すなわち「結婚」をモデルとしたものなのである。

上述のヴァレンティノス派の教説を報告した教父エイレナイオスは、彼らが「新婦の部屋」という名称の密儀を考案し、そのなかで性的放埒《ほうらつ》に耽っているとして厳しく非難している。「新婦の部屋」という儀礼の歴史的実態がどのようなものであったかということについて、現在では確認のしようもないが、しかし少なくともヴァレンティノス派の自己理解としては、「新婦の部屋」はもちろんそのようなものではなかった。それはむしろ、性的放埒に満ちたこの世の生活から身を引き、結婚という安定した愛情関係を獲得することを意味したのである。同じくヴァレンティノス派の文書と見なされている『フィリポによる福音書』から、結婚に関する記述を二箇所参照しよう。


愚かな女たちは、ある男が一人で座っているのを見つけると、彼の上に殺到して、彼と戯《たわむ》れ、彼を汚してしまうものだ。愚かな男たちについても同じである。彼らは美しい女が座っているのを見ると、彼女を犯すために、彼女を口車に乗せて、彼女に暴行を加えるものである。しかし、もしその男と彼の妻が並んで座っているのを見る場合には、女たちもその男のもとに行くことはできない。また、男たちもその女のもとへ行くことができない。それと同じように、もしその模像と天使とが相互に結びつくならば、何人《なんぴと》もあえて男あるいは女のもとへ近づくことはできないであろう。

（『フィリポによる福音書』NHC.II.65）

男と女がどの日に互いに交接し合うかは、彼ら自身以外には誰も知ることができない。なぜなら、妻《めと》を娶った者たちにとっては、この世の結婚は一つの秘義であるから。汚れた結婚さえも秘義であるとすれば、まして汚れなき結婚はどれほどの真実の秘義であろうか。それは肉体のものではなく、むしろ清らかである。それは欲望にではなくて、意志に属する。それは暗闇や夜ではなくて、陽と光に属する。

(同 NHC.II.81-82)

これまでに見てきたように、可視的世界における悪しき勢力は、天界から転落した神々や人間たちに対し、あたかもその伴侶であるかのような姿を装って近づき、性的欲望の対象として彼らを凌辱しようとした。しかし、「新婦の部屋」において真実の伴侶を得た者は、もはや闇の勢力の誘いによって欲望の渦に巻き込まれることはない。結婚による他者との結合は、「欲望にではなくて意志に属する」からであり、またそれは、暗闇のなかで実体のない影を追い求めるようなものではなく、陽の光のもとで互いを認識することを意味しているからである。

ヴァレンティノス派の体系が示すその世界観を要約すれば、それは次のようなものとして理解することができるだろう。世界の始源には「深淵」としての至高神が存在し、そこから数々のアイオーンが流出することによって、プレーローマ界が成立する。しかし、自己と他者の区別が明らかではないその空間は、潜在的な脆弱さを宿しており、それは「ソフィアの過失」という事件を契機に顕在化する。これによってプレーローマ界は、その根本的な再構築を余儀なくされる。各アイオーンは、自らの伴侶とともに「対の本性」を遵守することを求められるのである。

他方、ソフィアの過失によってプレーローマ界の外部に物質世界が流出し、そこに転落した神々や人間たちは、悪の相貌を備えて立ち現れてくる数多くの他者たちとの抗争に巻きこまれる。しかしその過程で人間は、さまざまな他者との適切な距離の取り方を徐々に学ぶことになるのである。霊の成熟を達成した人間は、真実の伴侶を伴って、父なる至高神の住まうプレーローマ界へと帰昇する。彼らがそこに帰還することは、プレーローマ界の「再構築」が最終的に完成することをも意味している。

精神分析が語るように、きわめて無力な状態でこの世に生まれてくる人間は、他者からの保護を受けずには生命を保つことができないため、生得的に他者への強い依存傾向を有している。そしてそれゆえに、成長のある段階において、自己と他者の分離、「わたし」と「あなた」の分離が適切に行われなければ、主体は生きうる存在とはならない。そのことはヴァレンティノス派の神話においては、父なる至高神と娘のソフィアの合一が禁止されたことに表現されている。

しかしこのことが事実であるとしても、直ちに次のことを付言しなければならないだろう。それでも人間は、他者から完全に切り離された、単独の個体として生き続けることができるわけではない。ゆえに、「わたし」と「あなた」の新たな結合の様式が、自己と他者の新たな一体化の様式が見出されなければならない、と。

ヴァレンティノス派の体系は全体として、自己と他者の融合状態から、その分離の段階を経て、最終的に両者が再結合する過程を描いている。そして、自己と他者の「再結合」のあり方として提示されるものが、何より「結婚」という形式だったのである。

結婚の儀礼

ところで、ここで一つの疑問が持ち上がる。「新婦の部屋」というモチーフはグノーシス主義にとって、単なる神話的な理念にすぎなかったのだろうか。それともそこには、何らかの儀礼的実践が伴っており、彼らは実際にそれを結婚の儀礼として執り行っていたのだろうか。

エイレナイオスの報告によるヴァレンティノス派の教説では、「新婦の部屋」は天上のプレーローマ界に出現するものとされている。この限りにおいてそれは、あくまで神話的理念にとどまると言わなければならないだろう。しかし『フィリポによる福音書』の記述では、「新婦の部屋」は地上世界にこそ出現するということが強調されている。

誰であれ「新婦の部屋」の子となるならば、光を受けるだろう。誰であれ、この世にいるあいだにそれを受けなければ、彼はそれを他の場所でも受けないだろう。その光を受ける者は見られることもなく、捕らえられることもありえないだろう。そして何人も、このような者を煩《わずら》わすことができないだろう。たとえ彼が、なお世に生活しているとしても。さらにまた、たとえ彼が世から出て行くとしても、彼はすでに模像において真理を受け取ってしまったのである。世はアイオーンとなったのである。

なぜなら、アイオーンは彼にとってはプレーローマだからである。しかもそれがそうであるのは、彼一人だけに明らかな仕方においてである。それ(アイオーン)は闇のなかにも夜のなかにも隠されてはおらず、むしろ、完全なる日と、聖なる光のなかにこそ隠されているのである。

(『フィリポによる福音書』NHC.II.86)

ここで示されているのは、プレーローマ界の「模像」として創造された可視的世界に対する、大胆な評価の逆転である。それは依然として天上的イデアの模倣物でありながらも、その暗く歪んだ影のような存在にとどまっているわけではない。「新婦の部屋」における「わたし」と「あなた」の新たな結合は、この世界にこそ、光と永遠性《アイオーン》をもたらすことになる。そして、このような仕方で「模像において真理を受けとる」ことは、天上世界に最終的に帰昇するための不可欠の前提をなす。今や、可視的世界において前もってプレーローマを実現していなければ、天上世界におけるプレーローマの享受は決して約束されないのである。

本章の掉尾を飾るものとして、E・S・ドローワーの『イラクとイランのマンダ教』という著作から、現在も存続しているマンダ教における結婚儀礼のあり方について紹介しておこう。宗教史学的な研究においては、現在のマンダ教が古代のグノーシス主義からの直接的な出自を持つ可能性についてしばしば論じられているが、これは現実的には実証困難な仮説であるように思われるし、本書ではそのような歴史的系譜関係についてはとりあえず問題としない。しかし、マンダ教徒の集団における婚礼の有り様が、グノーシス主義の神話的理念を儀礼的に実践してみせた一つの具体的な形であるということは確かであり、同時にそれは、古代末期にグノーシス主義が実践した「新婦の部屋」の儀礼の姿を、かすかに垣間見させるものでもありうるのではないだろうか。

マンダ教においては、一般信徒のみならず、聖職者もまた結婚を強く推奨される。「人が妻を持たないならば、来世でも現世でもその人に楽園はない」のである。一夫多妻よりは一夫一婦婚に高い評価が与えられており、原則的に離婚は許されない。「夫と妻は天と地のようなもの」、あるいは「二つの体に一つの魂のようなもの」であり、両者の強い結合が、人格的な一体化が求められる(『イラクとイランのマンダ教』五九頁)。

婚姻の儀礼の際には、花嫁は白い外衣で覆われ、緑色に染められた絹のヴェールによって顔を隠される。そして彼女には、鏡を携えた少女と、ランプを携えた少年が付き従う。その鏡は花嫁の真の姿を映し出し、同時に花嫁に近づく悪しき霊たちを追い払うとされる。少女と少年に付き従われた新婦は、聖職者のいる小屋へと入り、新郎がそこを訪れるのを待つ。やがて新郎が訪れると、『ギンザー』を始めとするマンダ教聖典の内容に基づく複雑な手順が踏まれることによって、結婚の成立が儀礼的に宣言される。

マンダ教の結婚儀礼においても「鏡」が重要な役割を果たしているということは、大変興味深い点だろう。それは、本章の冒頭で掲げた問い、すなわち「わたしとは何か」という問いに対して、最終的な回答を与えるものであると見ることもできる。鏡を前にして、そこに自分の姿を見ながら、

「わたしは〜の伴侶である」という宣誓を行うこと。そのような宣誓に対して、新郎と新婦の相互が、さらには聖職者を始めとする第三者が承認を与えること。いまやその自己像は、ナルシシズム的な閉塞に至るものではなく、社会性への回路を開くもの、社会的な自己のあり方を示すものとなるのである。

「不安の時代」の症候

いささか錯綜を余儀なくされた本章の歩みも、これでようやく「終末」に達したということになる。前章での概観に加え、本章においてグノーシス主義のさまざまなモチーフを考察したことにより、私たちはグノーシス主義という思想について、その大枠を理解したと考えても良いのではないだろうか。

その上で、あらためて次のような、単純な事柄を問題にしてみたい。すなわち、グノーシス主義の物語が提示しているものとは、果たして「喜劇」なのだろうか。それとも「悲劇」なのだろうか。喜劇と悲劇を区別する際のもっとも簡単な指標として、その物語がハッピーエンドを迎えるのか、それとも破滅的な終局を迎えるのか、という点が挙げられる。そしてこの観点から考える限りにおいては、グノーシス主義の物語は、紛れもない「喜劇」であると言わなければならないだろう。というのは、各文書によってばらつきがあるものの、グノーシス主義の神話のほとんどのケースでは、人間の霊が天界への帰昇を達成することによって物語が終わるからである。本章で詳しく見たヴァレンティノス派においては、祝福された結婚という微笑ましいハッピーエンドが用意されており、その物語は全体として喜劇的構造を備えていると見なすことができる。

しかしながら実際には、グノーシス主義の数々の文書を読むことによって得られるその読後感は、単純な喜劇と呼びうるようなものとはほど遠い。ソフィアの過失や人間の転落のエピソード、さらには可視的世界で繰り広げられる光と闇の抗争など、その物語で主に描き出されているのは、さまざまな蹉跌《さてつ》や軋轢《あつれき》、孤独や倒錯、特に自己と他者のあいだの誤認や欺きの情景だからである。

グノーシス主義の文書が全体として示す濃厚なペシミズムの彩りに比して、終末において与えられる「ハッピーエンド」のあり方は、実にあまりにか細い希望であるように感じられる。そして逆に言えば、その物語にペシミスティックな場面が溢れているということこそが、全体として荒唐無稽な筋立てであるにもかかわらず、それを奇妙に現実味を帯びたものに感じさせる要因ともなっているのである。グノーシス主義の物語が表現するこうした「現実味」とは、果たしてどのようなものなのだろうか。

例えばここで、一人の人間が、ある特定の他者を、欲望に満ちた眼差しで見つめているとしよう。しかし果たして、そのとき人間は、本当に他者を見つめ、欲望していると言うことができるのだろうか。現実に起こっているのは、自分の心のなかに抱いている理想的な他者のイメージを相手に投影し、それを欲望しているという、根本的に自己愛的な事態である。人間は他者を見つめているように見えるが、実際には他者そのものを見ているわけではない。同様の事態は、自分が他者から見つめられるという対照的な条件においても発生する。人間は、他者との触れ合いを願う。そしてだからこそ、他者が自分を欲望の眼差しで見つめてくれるように、他者が抱く理想像を想定し、その姿を積極的に担おうとする。しかし人間は、そのような仕方で自分自身が造りだした像によって、自分自身を奪い去られる。人間は他者との触れ合いを願いながら、互いにとっての理想像を見せかけとして提示しあい、互いの見せかけの像に幻惑されながら、永遠にすれ違い続ける。

グノーシス主義の思想が示しているのは、自分自身を知るということが、実に終わりのない変転の過程である、ということにあると思われる。鏡を見ることによって自分自身を知ることは、知的な自己同一性を獲得させるものであるとともに、見られる自己の発見、感性的主体の発見、性的主体の発見と同義であり、主体は自己を知ることによって、逆説的にも他者の欲望のネットワークへと常に譲り渡されてゆく。人間は、自己認識にまつわる両義性のダイナミズムに引き裂かれたまま生きてゆかざるをえず、その過程で「わたしとは何か」という問いに最終的な答えが与えられることはない。また同時に、他者との関わりが完全に安定したものになるということもない。大胆に言ってしまえば、ヴァレンティノス派が提唱する結婚の儀礼さえも、このような人間関係の不安定さにとりあえずの楔《くさび》を打つための「見せかけのフィクション」に他ならず、それで「わたし」と「あなた」をめぐる弁証法が本当に終わるというわけでは、決してないのである。そのことは、すべてのグノーシス主義の宗派が、ヴァレンティノス派の結論に同意したわけではないということにも表れているだろう。

グノーシス主義の世界観が全体として提示しているのは、人と人とが完全には分かり合えないということ、人と人とのあいだには鏡に映ったイメージが、表象という媒介物が差し挟まれざるをえないということ、しかしむしろ、自己と他者とのあいだにそのような疎隔が存在し続けるからこそ、そこに豊穣な人間的交流の空間が開かれる、ということにあると思われる。精神分析が語るように、鏡とは他者性の隠喩に他ならず、人間はそこに映る自己の姿を見つめながら、他者たちのなかで生きる方途を探求し続けなければならない。

そして、人間関係に関するこのような理解は、世界の始源を開く超越的な絶対者、すなわち「父なる神」の把握の仕方そのものに現れている。グノーシス主義によれば、父なる神は「鏡」として存在しており、それ自体を認識することができない。父なる神からは、鏡のなかに束の間に浮かび上がる仮初めの像のように、見せかけの姿を呈した数多くの神々が流出し、そして彼らは、可視的世界においてさまざまな交流と相克を展開し続けるのである。こうしてグノーシス主義は、彼らなりの仕方で、この世界にはなぜかくも多くの神々の形象が溢れかえっているのか、そしてその状況のなかで「真実の父」の存在が見失われてしまうのかということを、明らかにしようと試みたのだった。

しかしながら、グノーシス主義の思想がこのような分析的鋭利さを備えていたということと、それが真の「父なる神」に基づく新しい宗教を創設することに成功しえたのかということは、実はまったく次元を異にする問題である。むしろグノーシス主義は、諸文書において記述される人間の救済の方法や、終末のあり方を統一的なものとして定めることができないことにも見られるように、父なる神の安定した「表象」を描き出すことに失敗してしまうように思われる。

　これは次章において詳しく扱う事柄であるが、グノーシス主義はキリスト教とともに、「父なる神」の存在を「子なる神」が表象する、という図式を共有している。本章で見たヴァレンティノス派の「新婦の部屋」というモチーフもまた、まさに「子なる神」の一形態である救い主が、そこでこそ自らの真の姿を現すということになっているわけである。しかし古代のグノーシス主義においては、それをあくまで隠されたもの、究極的には知りえないものとする秘儀的な傾向に走ってしまい、その儀礼の一般的な形式を定めることができなかった。むしろグノーシス主義の思想は、真実の「父」が存在すること、それに照らして自己を知ることが必要であることを主張しながらも、それが「鏡」にすぎないこと、万物の始源である超越的な父が、それ自体としては「虚無の深淵」であることを、結果的に明るみに出してしまう。

　本章の結論として言いうるのは、グノーシス主義という思想が、父なる存在の動揺と喪失という時代的なエートスを、正面からその身に引き受けたということである。それは、ジャック・ラカンが精神分析について語ったように、「不安の時代の症候」の一つと見なさなければならないのかもしれない。そしてその意味においてその思弁は、時代精神から旺盛な活力を汲みあげることができた一方で、それにともなう限界を否応なくその身に刻み込まれていたのである。

　現在の世界に存在する多様な文化的・思想的・宗教的諸表象がいかにして成立したのか、その生成過程を解明するということ、意識化され、表面化している諸現象の裏面を読み解くということは、グノーシス主義に対してきわめて鋭利な分析的手法を与えると同時に、致命的と言いうる陥穽をその足下に開くことになった。その問題は先に述べたように、超越的な父をどのようにして表象するかという事柄をめぐって顕在化する。そのことを、最終章となる次章で、引き続き考察することにしよう。

第4章　息を吹き込まれた言葉——グノーシス主義とキリスト教

「キリスト教の異端」としてのグノーシス主義

最終章となる本章では、これまでの考察を踏まえた上でさらに、グノーシス主義とキリスト教の相互の関係について、集中的に考察することにしたい。

グノーシス主義は一般に、「キリスト教の異端」として知られている。このような理解はもちろん、大枠において間違っているというわけではない。しかし、その歴史的経緯をやや詳細に観察してみれば、この問題はそうした一言で済ませられるほど単純なものではないということが分かるだろう。グノーシス主義とキリスト教は、相互にどのような関係にあったのだろうか。この問題の前提となるいくつかの事柄について、まずは簡単に整理しておこう。

1　グノーシス主義とキリスト教

前キリスト教グノーシス

グノーシス主義とキリスト教の関係について、近代の研究者たちはこれまで、活発な論争を続けてきた。しかし現在においてなお、それに関する定説が確立しているとは言い難い。この主題に関しては、まず第一に、グノーシス主義はキリスト教に対して時代的に先行する宗教思想であったのかどうかという、「前キリスト教グノーシス」の問題がある。

この問題については、ドイツの神学者であるルドルフ・ブルトマン（一八八四～一九七六）の学説が、一時的にせよ大きな影響力を揮《ふる》った。その学説は主に、『ヨハネによる福音書』に関する文献学的研究に基づいている。ブルトマンは、『ヨハネによる福音書』の神学、特に「初めに言葉《ロゴス》があった。言葉は神とともにあった。言葉は神であった」という有名な文句によって知られるその序文《プロローグ》が、グノーシス主義の影響下において作り上げられた、ということを主張したのである。

二〇世紀初頭のドイツでは、ヴィルヘルム・ブセット（一八六五～一九二〇）やリヒャルト・ライツェンシュタイン（一八六一～一九三一）といった研究者たちが、教会史的な枠組みを離れた視点から、宗教に関する歴史学の構築を目指していた。ゆえに彼らは今日、「ドイツ宗教史学派」と呼ばれている。彼らはその試みにおいてグノーシス主義の存在にも注目し、その起源をバビロニアやイラン、あるいはエジプトといった、さまざまな地域へと求めていった。そしてブルトマンは、ドイツ宗教史学派の業績、なかでも彼らによって開始されていたマンダ教研究の知見に基づき、ヨルダン川でイエスに洗礼を施した、洗礼者ヨハネを中心とする集団こそが、現在のマンダ教の原始の姿であり、また同時にグノーシス主義的な教団の原型だったのではないか、と想定を広げるのである。

ブルトマンの想定が正しいとすれば、グノーシス主義の起源は、少なくともイエスの生涯と同時代である紀元前後の時期まではさかのぼれることになる。すなわちグノーシス主義は、キリスト教が一つの宗教として登場する以前から、すでに存在していたということになるのである。

ブルトマンのテーゼは、荒井献や大貫隆の業績によって、日本にも導入された。例えば大貫は『グノーシスの神話』という著作において、「その理由はいずれも状況証拠にすぎない」(二八頁)と但し書きを添えながらも、グノーシス主義の「歴史的起源の問題については、キリスト教の起源とほぼ同じ時期のユダヤ教の周縁を史的発祥地と見なす説が現在までのところ最も有力である」(同前)と述べている。いくつか列挙される「状況証拠」の一つとしてマンダ教の存在についても触れられており、この書物で大貫は、基本的にはブルトマンのテーゼを踏襲していると見ることができるだろう。

しかしながら実際にはこのような仮説は、学問的な定説となりうるほどに確固としたものであるわけではない。何より「ユダヤ教の周縁」という表現が多分に曖昧で、大貫の記述を読んでも、それが洗礼者ヨハネによって率いられていた集団を指すのか、死海文書を生んだクムラン教団のような存在を想定しているのか、あるいはユダヤ教と異教との混淆が見られたサマリア地方の思想的状況等を意図しているのか、統一的なイメージを明確に結ばないのである。

また、現在のマンダ教が「洗礼者ヨハネ」をもっとも神聖な預言者として崇拝していることが確かであるとしても、その歴史が本当に紀元一世紀の初頭にまでさかのぼりうるものなのかということについては、はなはだ疑わしいと言わざるをえない。そのような実在を証し立てる確実な歴史的資料は、今日何一つ残されていないからである。

また、「ユダヤ教の周縁」とは、ユダヤ教の「内側」と「外側」のどちらを指しているのだろうか。ユダヤ教の「内側」であるとすれば、自らをユダヤ教徒であると認めるような人物が、旧約聖書に描かれた造物主は偽の悪神であるなどという、ある意味では極端に過ぎる解釈に到達しうるものなのだろうか。また、ユダヤ教の「外側」であるとすれば、ユダヤ教徒でも、そしてもちろんキリスト教徒でもない人間が、あれほどまでに聖書の内在的理解に執着するものなのだろうか……？

ブルトマンにせよ大貫にせよ、その学説がどうしても「仮説」の域を出ることができないのは、彼らがグノーシス主義の起源として想定する「キリスト教の起源とほぼ同じ時期のユダヤ教の周縁」に由来する諸資料には、グノーシス主義の性質を明確に示したものは存在していないからである。そして、現時点で残された資料に依拠し、明確に確認できる範囲においてグノーシス主義の最初の出現時期を探ってみるとすれば、おそらくは殉教者ユスティノスが論駁の対象としたものがそれに当たり、時代としては二世紀の半ばであるということになるだろう。その起源は、キリスト教の成立期以前にさかのぼることはできないのである。

非キリスト教グノーシス

それでは次に、「非キリスト教グノーシス」の問題はどうだろうか。グノーシス主義は、あくまでキリスト教内部の異端であったのだろうか。それともそれは、キリスト教とは無関係な環境でも発生し、独自の活動を展開していたのだろうか。

この問題は一見したところ、きわめて簡単に決着がつくように思われる。というのは、例えば本書の第2章で考察した『ポイマンドレース』を見てみれば、それは「ヘルメス思想」に属する文書の一つとして位置づけられており、明示的な仕方ではキリスト教的な要素が見られないからである。その他、ナグ・ハマディ文書に収められた『シェームの釈義』や『アダムの黙示録』といったテキストでは、旧約聖書の再解釈に焦点が当てられていることもあり、表面的にはキリスト教や新約聖書に関わる要素が見られない。また、そこに登場する救済者には、イエス・キリストではなく、「デルデケアス」や「光り輝く者《フォーステール》」という名前が冠せられている。このように、「非キリスト教グノーシス」が存在するということは、議論の余地のない明白な事実とも思われるのである。

しかしながら実際には、ここでも問題はそれほど単純ではない。まず『ポイマンドレース』について言えば、この文書では光に由来するロゴスが「神の子」と称され、ロゴスが世界の創造に関与したと述べられている。この記述は、『ヨハネによる福音書』の序文とまったく関係がないのだろうか。

グノーシス主義とキリスト教の関わりを考察する際に、可能性として考慮に入れなければならないのは、最初にキリスト教とは無関係に「非キリスト教グノーシス」というものが存在し、それが後にキリスト教と接触して「キリスト教グノーシス」となった、という一方向についてだけではない。当初は「キリスト教グノーシス」として成立したものが、後の思想史の展開のなかでキリスト教的要素を次第に脱落させ、その外見において「非キリスト教」的なものになっていった、という可能性も考えられるからである。

『ポイマンドレース』に即して言えば、その神話が最初は「キリスト教グノーシス」の文書として作り出されたものの、後にヘルメス思想へと吸収され、その過程で表面的なキリスト教的要素がそぎ落とされたという可能性は、決して否定できない。そして、もしこの想定が正しいとすれば、『ポイマンドレース』は「非キリスト教グノーシス」であると単純に断言することは、きわめて難しくなる。

『シェームの釈義』や『アダムの黙示録』については、次のように考えることができるだろう。まず先に述べたように、これらのテキストは、『創世記』を中心とする旧約聖書の文書に対するグノーシス主義的な再解釈によって構成されているため、そこに目立った仕方でキリスト教的要素が存在しないとしても、それ自体としてはさほど不自然なことではない。また、これまで見てきたように、グノーシス主義に登場する救済者とは、もっぱら「イエス・キリスト」のみに一元化されているわけではない。プレーローマ界には、キリストを含む多数の神々（アイオーン）が存在するとされており、例えば『ヨハネのアポクリュフォン』において「バルベーロー」という神格が救済者として登場することに見られるように、実際の救済者としてキリスト以外の神格がその役割を果たすことも多いのである。

そして前章で見たように、グノーシス主義は救済者に関して、その姿が多様な形態へと変容を続けるという、複雑な「仮現論」を展開している。このことを考慮に入れれば、『シェームの釈義』や『アダムの黙示録』に登場する「デルデケアス」や「光り輝く者《フォーステール》」という救済者が、グノーシス主義の宗派においてはキリストの変異体の一つとして捉えられていたかもしれないということは、それほど無理な想定ではないだろう。そしてこの場合にも、これらの文書を単純に「非キリスト教グノーシス」と呼ぶのは難しい、ということになる。

グノーシス主義とキリスト教の歴史的関係について、もちろん現時点において断定的なことは言えないのだが、私自身としては、大枠として次のように理解することができるのではないかと考えている。現在残されている資料から判断する限りでは、グノーシス主義がその思想的輪郭を取り始めたのは、二世紀の前半から半ば頃であり、しかもそのような初期の段階においては、大半の資料は何らかの仕方で自らを「キリスト教」として位置づけている。グノーシス主義の厳密な起源がどこにあるのか、多種多様な形で存在したグノーシス主義者たちのすべてがキリスト教と接触していたのか、という問題は容易には決しがたいが、その思索が具体化される過程において、キリスト教的な要素が決定的に重要な役割を果たしたという事実自体は、否定することができないだろう。すなわちグノーシス主義は、キリスト教ときわめて密接した思想運動として成立したのである。

その後にグノーシス主義は、キリスト教の枠内においては、主流派の地位をめぐる抗争に敗れて徐々にマイノリティ化し、「異端」として扱われるようになる一方で、その他の宗教思想のなかへと広く拡散してゆく。ヘルメス思想、マニ教、そしてマンダ教は、それぞれ「キリスト教グノーシス」の文書から影響を受けたことが認められるが、それらにおいては、本来の文書に存在していたキリスト教色が可能な限り脱色されているのである。

以下の本章の考察では、取りあえずこのような想定が正しいと前提した上で、議論を進めることにしたい。本書ではこれまで、ヘルメス思想に属する『ポイマンドレース』や、マニ教やマンダ教に示された「グノーシス主義的モチーフ」をも、考察の対象として取り上げてきた。しかしこの章では、その対象を厳密に「キリスト教グノーシス」に限定することにしよう。

「グノーシス主義」と「キリスト教」の共通の課題

具体的な考察に入る前に、さらにもう一つ、次のことを注記しておきたい。それは、「グノーシス主義」と「キリスト教」の関係を問うこのような議論は、どうしてもいささか転倒的なものにならざるをえない、ということである。

　グノーシス主義の出現時期として想定される二世紀の前半から半ばの段階においては、「グノーシス主義」はもちろん、「キリスト教」もまた、いまだその明確な輪郭を獲得するには至っていなかった。これら双方の思想は、自らのアイデンティティや、自宗派と他宗派の区別が定かではない混沌とした状態のなかで盛んに活動し、相互に影響を及ぼしあったのである。そして、むしろそのような混沌とした運動の過程において、それぞれの宗派は自らのあり方や相互の差異について徐々に認識するようになり、特にキリスト教は、長期間にわたって存続することが可能であるような宗教的形態を獲得するに至った、と考えなければならないだろう。

　ブルトマンや「ドイツ宗教史学派」が試みたように、完成されたグノーシス主義の形態から特定の要素を抽出し、その起源を歴史的にさかのぼって追い求める研究手法は、次のような難点を抱えることになる。すなわち、そのようなレトロスペクティブな研究は、特定の要素の起源がいったん確定されても、その起源の「さらなる起源」を追い求めざるをえなくなるという、原理的な「無限後退」に陥ってしまう。そして同時に、特定の要素やモチーフの起源が確定されたところで、それはグノーシス主義の思想において、さまざまな複数のモチーフがどのような仕方で、またどのような理由で連結されているのかということを説明することにはならないのである。

　むしろここで留意しなければならないのは、グノーシス主義とキリスト教の双方について、彼らを活発な思弁へと駆り立てていたものは何だったのか、彼らが追求していたものは何だったのか、彼らが共通の課題として掲げていたものは何だったのかという、前向きな問いを立てることだろう。そしてそれは、簡単に言えば、本書でこれまで述べてきたように、「父の探究」という主題である。この主題に関して、ここでは特に三つの観点から光を当ててみることにしよう。

1 形而上学の導入

キリスト教とグノーシス主義は、ともに「父」の存在を探究した。そしてその父とは、家族における父でも、民族における父でも、国家における父でもない。むしろそれらの既存の「父」たちが今や有効に機能していないということこそが、新しい思想を生み出さなければならないという動機となっていたのである。

キリスト教とグノーシス主義が求めるのは、それらすべてを超越した、普遍性を有する「父なる神」である。そして両者は、このような超越的な神について思考するために、プラトン主義的な形而上学を自らの体系のなかに組み込んだ。かつてフリードリッヒ・ニーチェ（一八四四〜一九〇〇）が、キリスト教を「大衆向きのプラトン主義」と呼んだように、グノーシス主義のみならずキリスト教神学の内部にもまた、その骨格としてプラトン主義的形而上学が組み込まれている。

2 救済者＝「父なる神」の表象

超越的な「父なる神」は、あらゆる人間にとっての真実の神である。しかし現在の世界においては、その存在は多くの人間には見失われてしまっている。それゆえに、父なる神について人間たちに告げ知らせ、それによって人間を救済する存在が要請される。キリスト教やグノーシス主義では、プラトン主義の哲学のように、自らの思索の力のみによって「魂の真の故郷」へと到達できるとは考えない。ある種の「他力」が、超越的な世界からの救済の働きが必要であると考えるのである。そしてその際には、父なる神が自ら地上にその姿を現すわけではない。「父なる神」の代理者、その表象として機能する、救済者の存在が要請される。

3　聖書的伝統の重視

人間たちが「父なる神」のもとからどのような仕方で離反してしまったのか、また、どのような仕方で再び「父なる神」の存在を想起し、そこに立ち帰ることができるのか、ということを物語る際に、グノーシス主義とキリスト教は、そのスタンスに違いこそあれ、聖書的伝統に基礎を置いている。先に述べたように両者は、その世界観にプラトン主義の形而上学を組み込んでおり、ヘレニズム的な学知から深い影響を被っていることは事実なのだが、基本的にはヘレニズムよりもヘブライズムを優位に置く。そしてその上で両者は、聖書に描かれた創造説、そして救済説について、形而上学的背景に照らすことによって再解釈を試みるのである。

このようにグノーシス主義とキリスト教は、その思想的課題に関して著しい共通性を持っていた。

そしてこのような共通の「舞台」があったからこそ、両者は互いに接近し、影響を与えあった一方で、しかし次第にその食い違いを露わにし、激しく対立することになったのである。課題を共有していながらも、それへの回答の出し方において食い違った、と要約することができるだろうか。

グノーシス主義とキリスト教のあいだに存在する共通性や差異について、その細かな点まで詳しく列挙すれば、その数はまさに際限のないものとなってしまうだろう。そこでこの章では、以上のような三つの点に特に注目しながら、両者を対比的に考察することにしたい。そのために、まず次節では、いささか迂回路をたどることになるが、キリスト教の教義の基本的な内容について確認しておくことにする。

2 神の三つのペルソナ——キリスト教教義の要約

アレクサンドリアのフィロン

先述の三つの点から、まずは第三の点、すなわち「聖書を形而上学的に解釈する」という試みがどのような仕方で始められたのか、それを皮切りにして考察を進めることにしよう。

第1章で触れたように、紀元前後から紀元後二〜三世紀の時代には、現在の研究において「中期プラトン主義」というカテゴリーに分類される哲学者たちが、盛んに活動していた。そしてその活動において彼らは、プラトン主義的な形而上学の枠組みに照らしながら、さまざまな神話や文学を解釈するという試みを行ったのである。その代表例の一つとしては、プルタルコス（四六〜一二五頃）の著した『エジプト神イシスとオシリスの伝説について』という著作を挙げることができるだろう。この書物は、プラトン主義者であるプルタルコスが、エジプトのさまざまな神話や伝承を収集し、それらに対して哲学的解釈を加えるという手法によって叙述されている。

中期プラトン主義におけるこのような知的営みにとっては、聖書もまたその例外ではなかった。プラトン主義の哲学に通暁し、同時に敬虔なユダヤ教徒でもあったアレキサンドリアのフィロン（前二五頃〜後四五頃）は、聖書の形而上学的な解釈を広範かつ徹底的に行った人物である。フィロンの思想は、キリスト教神学とグノーシス主義の双方に深い影響を与えたことが想定されている。

それでは、彼の思想とはどのようなものだったのだろうか。フィロンの主著の一つである『世界の創造』は、旧約聖書の『創世記』に描かれた創世説と、プラトンの『ティマイオス』に描かれた創世説を折衷させることにより、ユダヤ教的な一神教に対して、形而上学的な普遍性を与えることを試みた書物である。

『創世記』の物語に描かれているように、旧約の神ヤハウェは、世界を造り上げ、エデンの園を歩き、自分によく似た人間を創造し、しばしば彼らの行いに激怒して罰を下すような、自ら活発に行動する存在である。これに対してプラトン主義における神とは、「否定神学」という叙述方法に見られるように、きわめて抽象的かつ超越的な存在であり、同時に、自分自身を常に観照し続ける「不動の動者」とも称される内省的な存在である。聖書を形而上学的に解釈しようとする際には、いわゆる「聖書の神」と「哲学者の神」の性質の違いに対して、どのように折り合いを付けるかということが問題になるわけだが、フィロンはこれをどう扱ったのだろうか。

この問題を解決するためにフィロンが導入した概念は、「神のロゴス」というものである。これも第1章で見たように、本来「ロゴス」という概念はもっぱらストア派の哲学に属するものであり、そしてそこでロゴスとは、世界の生成変化を司る自然法則を意味していた。しかし、中期プラトン主義の段階においては、プラトン主義的形而上学とストア派的自然学とのあいだに著しい混淆が生じ、ロゴス概念もまた、プラトン主義の体系に取り込まれたのである。そこにおいて「ロゴス」は、自然世界に内在する原理であると同時に、しばしば「イデア」とも同一視される、世界に秩序をもたらす超越的な原理であると見なされている。そしてフィロンは『世界の創造』において、このロゴス概念を巧みに用いることにより、聖書の創世説とプラトンの創世説を折衷しようとするのである。

フィロンは、『創世記』の冒頭において、神が「言葉《ロゴス》」を発することによって世界を創造したことに着目する。フィロンの解釈によれば、『創世記』の一章一節から二章四節に記された七日間の世界創造の物語は、「物質的世界」の創造について語っているのではない。それはあくまで「言葉《ロゴス》」の次元で、そして神の「理性《ロゴス》」の内部において生じた出来事であり、「物質的世界」の原型となる超越的世界、すなわち「イデア界」の創造について語られたものなのである。

こうしてフィロンは、ロゴスの概念を用いることにより、神が理性的かつ形而上的な存在であることを論証しようとする。しかしながらロゴスという概念は、神の超越性のみに関わるわけではない。それは、物質世界の創造の原理であり、また、そこに住まう人間が理性的な存在であることの根拠となる原理でもある。すなわち物質世界は、神の言葉《ロゴス》によって、イデア界の秩序に倣って創造されたために善美なる存在であり、また人間は、ロゴスが内在しているゆえに「正しい理性《オルトス・ロゴス》」を持ち、道徳的に振る舞うことができるのである。

フィロンは、神と世界、あるいは神と人間のあいだに「ロゴス」という概念を置き、神的な超越性と物質的な具象性を媒介させる原理として用いている。またそれによって、内省的で超越的な「哲学者の神」と、活動的で歴史的な「聖書の神」を調和させようと試みたのだった。

ロゴス＝キリスト論の発展

フィロンが提唱した「神のロゴス」という概念は、ユダヤ教の枠内ではポピュラリティを獲得することがなかったが、そのアイディアはむしろキリスト教神学者たちによって積極的に活用されていった。今日もなお、フィロンの著作が大量に残存しているのは、それが常にキリスト教の著作家たちによって参照の対象とされてきたからなのである。

「神のロゴス」という概念がキリスト教に導入されることによって、イエス・キリストの存在をロゴスと同一視する、いわゆる「ロゴス＝キリスト論」が成立する。そしてロゴス＝キリスト論は、キリスト教の最初期の教義史においてきわめて重要な役割を果たした。ここでは、もとより不十分なものとならざるをえないが、その理論の発展史を簡単に整理しておくことにしよう。

1 『ヨハネによる福音書』

イエス・キリストを「神の言葉《ロゴス》」と同一視するために決定的な一歩を踏み出したのは、一世紀の末頃に書かれたと想定されている『ヨハネによる福音書』、特にその序文である。そのロゴス論がいかに画期的なものであったかということについて、著名な教義史家であるアドルフ・フォン・ハルナック（一八五一〜一九三〇）は、次のように述べている。

> メシヤ（キリスト）とロゴスを同一視することは、いかなる思弁的なユダヤ人にも決して思いつかず、例えばフィロンのごとき人にさえ、この等式は考えに浮かばなかった。この等式は、一つの歴史的事実に形而上学的意義を与えた。それは時間と空間とのなかに現れた人物を、宇宙論と宗教哲学とのなかに引き入れた。かくて、一個の人物にかかる優位を与えつつ、それは歴史一般を宇宙活動の高きにまで導いたのである。
>
> （ハルナック『キリスト教の本質』一八九頁）

『ヨハネによる福音書』冒頭の、「初めに言葉《ロゴス》があった。言葉は神とともにあった。言葉は神であった。すべてのものは、これによってできた」という文章は、『創世記』冒頭の記述に対するキリスト教的な解釈を示している。すなわち、神の言葉であるキリストは、「初め《アルケー》」の状態においてすでに神とともに存在した。そして神は、言葉を発することによって、ロゴス＝キリストとともに、そしてロゴス＝キリストを通して、世界を創造したのである。

世界の創造は、神の「光あれ」という言葉によって開始されるために、ロゴス＝キリストは「光」とも称される。それは、「すべての人を照らすまことの光」（一章九節）であり、「肉体となってわたしたちのうちに宿った」（一章一四節）のである。

また、「神」とその「言葉」の関係は、父子関係によって捉えられている。すなわち、ロゴス＝キリストは、それ自身も神であると同時に、「父なる神」の「独り子」であると言われる。他の正典福音書においても、キリストはしばしば「神の子」と称されているが、『ヨハネによる福音書』はそれを「独り子《モノゲネース》」と表現することによって、ロゴス＝キリストの特別な地位をいっそう際立たせている。「神を見たものはまだ一人もいない。ただ父のふところにいる独り子なる神だけが、神をあらわしたのである」（一章一八節）。「父なる神」は、あくまで超越的で不可視の存在である。父なる神の姿を見ること、そしてその存在を表して地上の人間たちに伝達することは、「独り子なる神」＝ロゴスの役割なのである。

2 殉教者ユスティノス（?〜一六三頃）

最初期の教父であるユスティノスの神学は、ロゴス＝キリスト論を中心に組み立てられている。その記述はいまだ荒削りな部分を多く残してはいるものの、後に発展するキリスト教神学の全体像を、すでに前もって描き出していると見ることができるだろう。

ユスティノスによれば、ロゴスは、神によって「最初に生み出されたもの」である。神は、ロゴスを通して世界について思惟し、それに基づいて世界を創造した。『ヨハネによる福音書』が述べるように、ロゴス＝キリストは始源において神に寄り添い、そして神とともに世界を創造する存在なのである。

ユスティノスは、そのようなロゴスが自ら世界に到来したことの重要性を強調する。ロゴスはこの世に到来し、救い主イエス・キリストとして受肉した。そして、真正なる教えはイエスを通して使徒たちに、さらには一般の信徒たちに伝えられ、キリストの教えを信ずる者のみが、受肉したイエスの血肉にあずかることができるのである。ユスティノスは、「感謝」の祭儀である聖餐の意義について、次のように述べている。


この食物は私どものあいだで「感謝《エウカリスティア》」と呼ばれ、これにあずかることができるのは、私どもの教えを真理と信じ、罪の許しと新生のための洗礼を受け、キリストが伝えた通りに生活する者に限られます。それ以外は誰もあずかることができません。なぜなら私どもはこれらの品を、普通のパンや普通の飲み物のように受けているのではないからです。神の言葉《ロゴス》によって受肉した救い主イエス・キリストが肉と血とを受けたのは、私どもの救いのためであったという、このことに対応して、キリストから伝え受けた祈りの言葉《ロゴス》で感謝した食物も、私どもの受けた教えによれば、あの受肉したイエスの肉と血であり、私どもの血肉はその同化によって養われるのです。すなわち使徒たちは、その手になる「福音」と呼ばれる回想録のなかで、自分たちは次の命令を受けていると伝えました――イエスはパンを取り、感謝して言われた。「私を記念するため、このように行いなさい、これはわたしのからだである。」同じく杯も取り、感謝して言われた。「これはわたしの血である。」そしてこれらの品を、使徒たちにだけ分け与えられた、と。

（ユスティノス『第一弁明』66.1-3）

聖餐礼において唱えられる「祈りの言葉《ロゴス》」によって、パンとブドウ酒は、キリストの真の血肉へと変化する。そして信徒たちは、それを食べることによって、神のロゴスに直接的にあずかることができるのである。

一つの食物を皆で分かち合って食べるという行為は、その食事に参与する者たちのあいだに、一つの共同性を打ち立てる。「最後の晩餐」において、キリストと使徒たちが食事をともにすることは、キリスト教的な共同体が初めて結成されたということを示している。そして、使徒たちによって伝えられた「福音」に基づいて聖餐の儀礼を執り行うことは、キリストを頭とする共同体を継続し、拡大させることを意味するのである。

このようにユスティノスによれば、ロゴス＝キリストという存在は、世界の原初から現在までに至る歴史全体を、そして、超越的存在である神と地上的存在である人間とを結びつけるという働きを有している。

次に、ユスティノスのロゴス＝キリスト論が備える、もう一つの側面について述べておこう。教父ユスティノスは、キリスト教徒としてのアイデンティティを獲得する以前に、さまざまな思想への遍歴を行ったことで知られている。ユスティノスのテキストには、彼のそのような経験を反映していると見られる箇所が多数存在するが、ロゴス＝キリスト論はそれらの記述においても中心的な役割を果たしている。

ユスティノスによれば、神のロゴスは真理そのものであり、同時に世界のあらゆる知恵の源泉でもある。ロゴスは歴史的には、イエス・キリストとして地上にその姿を現したのだが、しかしそれ以前にも間接的な仕方で世界に影響を及ぼし、さまざまな学知や文化を生み出してきた。ユスティノスはこのことを説明するために、ストア派に由来する「種子的ロゴス」という概念を援用する。種子的ロゴスとは言わば、小さく断片化された形態のロゴスであり、それは世界に蒔《ま》き散らされ、人間たちの理性に内在している。さまざまな哲学者たちが、キリストの教えに直接触れることなく真理の探究を行うことができたのは、彼らに内在する種子的ロゴスの働きによるのである。

さまざまな学知が種子的ロゴスから生み出されたものであるとすることによって、ユスティノスは、キリスト教に優位性を与えることのできる二つの点を確保する。まずその一つは、ヘレニズム化された世界において多くの学知が流通し、それらが絶え間ない対立や分裂を繰り返すのに対して、キリスト教は唯一の真理を揺るぎのない形で提示している、と主張することができるという点である。

すなわちユスティノスによれば、哲学者たちの理性を支え、その教説を生み出す原因となっているのは、ロゴスの「種子」でありその「模写《ミメーマ》」であるものにすぎない。種子的ロゴスによって捉えられる真理の姿は、完全な誤謬とは言えないもののきわめて不鮮明であり、何よりそれを受け取る人間の能力によって限界づけられている。ゆえに彼らは、ユスティノスがそれを「多頭」の怪物に喩えるように、教説の一致を見ることができずに相互に争い合うのである。これに対してキリスト教徒は、先に述べたように、神の恵みによってロゴスそのものを分有するために、相互に一致することができる。

> 前述の著作家（哲学者）たちは皆、人間に植えつけられたロゴスの種子の内在に依存していたために、諸存在を、不鮮明に見ることしかできなかったのです。言い換えるなら、「存在」の種子と模写《ミメーマ》とは、それを受け取る側における能力の限界をともなっているのです。これに対し、「存在」自身への分有と模倣《ミメーシス》とは、「存在」自身の側からの恵みによって起こるのです。この点で、ロゴスそれ自身とその種子とは区別されます。
>
> （ユスティノス『第二弁明』13.5-6）

第二点としてユスティノスは、諸学の教説を「ロゴスの模写《ミメーマ》」によって生み出されたものと考えることにより、それらの知識は本来はキリスト教に属するものである、と主張する。彼は、キリストの到来以前ではあっても、ロゴスに即して生きた人々はすべてキリスト教徒と見なしうると論じ、そのような人物として、ギリシャの哲学者であるヘラクレイトスやソクラテス、また旧約の族長や預言者の名前を挙げている。彼らは歴史上の人物としてのイエスについては知らなかったが、その思想は、世界の始源から存在していたロゴス（=キリスト）に由来するものであるため、本質的にはキリスト教的なものと見なしうる、というわけである。ユスティノスは大胆にも、「あらゆる人々のあいだで語られてきた正しい言葉は、どれも私どもキリスト教徒に属しているのです」（『第二弁明』13.4）と断言している。

3　エイレナイオス（一三〇頃～二〇〇頃）

前章までに見たように、エイレナイオスは『異端反駁』という浩瀚なグノーシス主義の反駁書を執筆した教父である。エイレナイオスが著したその他の文書としては、『使徒たちの使信の説明』と題されたものが現存しており、そこではロゴス=キリスト論に焦点を当てた簡潔な叙述が見られるため、ここではその内容を参照することにしよう。

エイレナイオスはこの文書において、キリスト教信仰の要点を次のように素描する（『使徒たちの使信の説明』6）。第一に、誰からも創造されず、把握されえず、見られることもない、父なる神が存在すること。第二に、神の言葉《ロゴス》、神の子である主イエス・キリストが存在し、そして父なる神は、ロゴス=キリストを通して万物を創造したということ。さらにキリストは、「時の終わり」にあたって万物を「再統合」するために、自ら人間となり、死を滅ぼして生命を目に見えるものとすることによって、神と人との交わりをもたらすのである。第三に、聖霊が存在し、そして聖霊が仲介することによって、預言者は預言を行い、族長は神について教えられ、義人たちは義へと導かれたということ。聖霊もまたキリストと同様に、「時の終わり」にあたって人間を新たにするために、全人類の上に注がれている。

この文書でエイレナイオスが強調しているのは、ロゴス＝キリストが、世界の始源から終末までに至る全期間にわたって存在していること、そして、その全歴史の経緯を支配しているということである。

このような観点からエイレナイオスは、この文書の後半部において、一般に「予型論《タイポロジー》」と呼ばれる聖書解釈の手法を展開する。それによれば、ロゴス＝キリストは世界の始源からすでに存在していたため、その働きは実は、新約聖書のみならず旧約聖書のなかにも示されている。すなわち、新約において「成就」される事柄が、旧約において前もって「予型」として記されている、と考えるのである。

予型論的解釈の代表例としては、アダム＝キリスト、およびエヴァ＝マリアの予型論が挙げられるだろう。このような解釈は、すでにパウロの『ローマ人への手紙』五章一四節等にその片鱗が見られるものだが、エイレナイオスはその手法を広範に展開している（『使徒たちの使信の説明』32-34）。

それによれば、まず一方でアダムは、神の言葉に不従順であった処女エヴァにそそのかされ、知恵の木からその実を取って食べたために、人間に原罪をもたらすことになった。これに対して、アダムの「対型」となるキリストは、神の言葉に従順であった処女マリアの懐胎によって、無原罪のままこの世に誕生し、さらには十字架という木に磔《はりつけ》にされる刑罰を受けることによって、人間の原罪を贖ったのである。ここには、旧約と新約のあいだの対称的な構造が、あるいは、旧約において端緒を開かれたものが新約において成就される「再統合」の構造が見て取れる、というわけである。

エイレナイオスは、グノーシス主義的な諸異端への論駁を行う一方で、キリスト教における聖書正典の確立に多大な寄与を果たした教父でもあった。彼は予型論的な聖書解釈の手法を示すことによって、ユダヤ教の聖書（旧約聖書）をほぼそのままキリスト教の正典として受容するための道を開いたのである（とはいえエイレナイオスは、旧約聖書をキリスト教的に読解しないユダヤ教徒たちを激しく非難することによって、「反ユダヤ主義」へと続く道をも同時に開いたのだったが）。そしてこのことは後に見るように、旧約聖書の読解に固執しながらも、そのテキストを批判的な手法で縦横に切り裂きつつ読み解いてゆこうとするグノーシス主義的解釈とのあいだにおいて、重要な争点の一つを形成することになったのである。

4 アレクサンドリアのクレメンス（一五〇頃〜二一五頃）

ヘレニズム的な諸学とキリスト教の関係について、先述のユスティノス以上に徹底的に、かつ詳細な思弁を繰り広げたのは、当時の文化的な中心地であるアレクサンドリアで活動したクレメンスという人物である。彼の主著である『ストロマテイス（織物）』は、その書名に示されているように、多種多様な文献からの数多くの引用によって織りなされており、現代の古典研究においては、ディオゲネス・ラエルティオス（三世紀前半）の『哲学者列伝』と並んで、古代文献の重要な出典源としての役割をも果たしている。

草稿段階のまま残された『ストロマテイス』は、きわめて長大な、より率直に言えば冗長な著作であるが、その基本的な考え方は、ユスティノスとそれほど異なるわけではない。ロゴス＝キリストが世界の創造者であり、この世のあらゆる知恵の源泉であること、そしてさまざまな文化や学知はそこからの二次的な派生物であることが前提とされ、「真の認識《グノーシス》」に至るまでにどのような知的段階を経る必要があるのかについて論じられる。

クレメンスはその記述で、光にまつわるイメージを好んで用いている。『ストロマテイス』においてクレメンスは、哲学とキリスト教の関係について、光の比喩を用いながら次のように述べる。

こういうわけでギリシアの哲学は、蝋燭《ろうそく》の芯から発する光に似ている。この光は、人間たちが「太陽から巧みに盗んだ光」を灯したものだからである。そしてひとたび言葉《ロゴス》が告げ知らされると、この聖なる光がすべてを輝き出させることになった。つまり、この盗んだ光は、夜のあいだに家のなかでだけ有効であったが、昼には炎が輝きを放つことになり、夜といえども完全に、知性的な光であるかくも強大な太陽によって照らされることになったのである。

（クレメンス『ストロマテイス』V.29.5-6）

神のロゴスが「太陽の光」に喩えられるのに対して、哲学者たちの言葉は「太陽から巧みに盗んだ光」に喩えられる。それは、蝋燭の火が放つ小さな光と同じように、夜の闇をわずかに切り裂く程度の効果しか持ちえない。そして受肉したロゴス、すなわちキリストが来臨し、世界をその大きな光によって照明するようになれば、太陽の光のなかに蝋燭の光が溶け込んで見えなくなるように、その有用性はほとんど失われることになってしまう。

しかし、にもかかわらず、クレメンスの言説において、哲学的教説が完全に無意味、あるいは単に有害なものとして位置づけられているわけではない、ということに注意しておこう。ギリシャ神話において、プロメテウスが天界から盗み取ったものとされる火が、人間の生活にとって有用なものであったように、たとえか細いものではあっても、「蝋燭の火」はかすかに神的真理を垣間見させることを可能にするからである。「たとえプロメテウスによって盗まれた火のようなものであるとしても、哲学のなかには、炎へと燃え上がることのできる小さな火花が、神に由来する知恵と運動の痕跡が存在する」（同 I.87.1）。クレメンスによれば哲学は、「キリストが到来する以前、ギリシャ人が義を維持するために必要とされた」。そしてそれは「キリストにおいて全《まった》きものとされるための準備となり、その道を整える」ものなのである（同 I.28.1-3）。

こうしてクレメンスは、哲学がキリスト教的な真理から盗まれたものであること、真理の二次的な派生態であることを主張すると同時に、その有用性を擁護するという二面的な論理を構築する。そしてこれにより、中世期にまで影響を与え続ける「神学の予備学」としての哲学の位置づけを、あるいは、スコラ学におけるより直截な表現で言えば、哲学を「神学の端女《はしため》」とするような知の序列化を企図するのである。

5 テルトゥリアヌス（一六〇頃～二二〇頃）

テルトゥリアヌスは、北アフリカのカルタゴで活躍した初期のラテン教父である。『ヨハネによる福音書』やギリシャ教父の教説からロゴス＝キリスト論を継承するとともに、「三位一体《トリニタース》」や「ペルソナ」といったラテン語の術語を作り上げることによって、キリスト教神学の体系化を促進させた。ラテン神学においては、テルトゥリアヌスによって切り開かれた地平が、後にアウグスティヌスによって完成され、その大系が中世カトリシズムの礎となった、と理解することができるだろう。

テルトゥリアヌスは、「父」「子」「聖霊」の三者が、神の三つの「ペルソナ」であり、相互に不可分のものであることを強調する。ペルソナとはラテン語において、芝居に用いられる「仮面」を意味し、さらにそこから派生して、「役柄」や「人格」といった意味も持っている。さまざまな局面において、神は異なった役柄《ペルソナ》を担って登場してくるが、その本質は実際には一つである、というわけである。

テルトゥリアヌスは『プラクセアス反論』という著作のなかでペルソナの概念について詳しく述べており、同時にそこで、「神のペルソナ」という観念は、ヴァレンティノス派の論じる「流出」とはまったく異なるものであることを強調している。

ヴァレンティノスは（「流出」を主張した際に）、流出したものをその創造者から引き離し、切り離している。こうしてアイオーンを、自分の父を知らないほど、創造者から離れたところに置いた。結局アイオーンは、父を知ろうとしても知ることができない。というよりもむしろ、アイオーンはほとんど破壊されて、他の実体へと解消してしまっている。一方、私たちの主張においては、御子だけが父を知っており、その御子が父の心のなかをあらわし、父のもとですべてを聞き、すべてを見たのであり、父によって命じられたことを語っている。そして、自分の意志ではなく、初めから間近にいて知っていた父の意志を遂行した。というのも、神のなかにある霊以外のいったい誰が、神のなかにあるものを知っているだろう。言葉は霊によって構成されており、霊はいわば、言葉の体なのである。

（『プラクセアス反論』8.2-4）

テルトゥリアヌスもヴァレンティノス派もともに、『マタイによる福音書』一一章二七節「子を知る者は父のほかにはなく、父を知る者は、子と、父をあらわそうとして子が選んだ者とのほかに、誰もありません」という文句と、先述の『ヨハネによる福音書』一章一八節「神を見たものはまだ一人もいない。ただ父のふところにいる独り子なる神だけが、神をあらわしたのである」という文句を重要視している。とはいえ、これらの文句をどのように解釈するかという点で、両者のたどる道は、正反対と言って良いほど異なってくる。

前章で見たようにヴァレンティノス派は、「独り子だけが父を知ることができる」という文言から、そのような特権を与えられた「独り子」と、父を知ることができないその他のアイオーンたち、特に末娘の「知恵《ソフィア》」とのあいだに生じる確執のドラマを展開する。これに対してテルトゥリアヌスは、先の聖書の記述を、父と子と聖霊が「三位一体《トリニタース》」という密接不可分の関係にあること、「三つの仮面《ペルソナ》にして一つの実体《スブスタンティア》」であることの確証として捉えるのである。このような両者の差異がどのような意味を持つのか、そしてどのような帰結を導くのかについては、しばらく後にあらためて考察することにしよう。

6 オリゲネス（一八五頃〜二五四頃）

オリゲネスは、先述のクレメンスと同じく、アレクサンドリアで活動した神学者である。教会史家として著名なエウセビオス（二六〇頃〜三三九頃）は、『教会史』において、オリゲネスがクレメンスの教える教理学校の学生の一人であったことを伝えているが、その真偽は定かではない。とはいえオリゲネスが、「アレクサンドリア学派」と呼ばれる神学的な伝統を継承し、それを完成させた人物であることは、疑いえない事実である。

多くのキリスト教教父や神学者たちのなかでも、オリゲネスはとりわけプラトン主義からの影響を色濃く被っている。第1章で述べたように、プラトンはその著作のさまざまな箇所で、人間の生の目的《テロス》を「可能な限り神と似たものになること」と表現しているが、オリゲネスもまた、プラトンのこの命題に強く同意する。

とはいえ、クレメンスと同様に、神の言葉こそがあらゆる知恵の源泉であると考えるオリゲネスは、このような考えがギリシャの哲学者たち自身によって初めて見出されたということを否定している。オリゲネスによれば、プラトンを始めとする哲学者たちの教えは、「彼ら哲学者自身が発見したものであるよりも、聖書から彼らが受け取ったもの」(オリゲネス『諸原理について』III.6.1)、より具体的に言えば、『創世記』一章二六節に示された「われわれの像《エイコーン》、われわれの似姿《ホモイオーシス》にしたがって人間を造ろう」という神の言葉から取られたものなのである。

また、「神と似たもの」として創造された人間のあり方について、オリゲネスは、『創世記』の記述から次のような思弁を展開する。すなわちオリゲネスは、一章二六節に続く二七節の記述においては「似姿《ホモイオーシス》」という語句が脱落していることを根拠に、人間は神の「像《エイコーン》」にしたがって創造されたものの、その「似姿」はいまだ獲得していない、と主張するのである。むしろ人間は、神から離反するという原罪を犯すことによって「神の似姿」を喪失し、「邪悪な者の像」をまとってしまっている。それでは人間は、どのようにして再び「神の似姿」を回復することができるのだろうか。

それゆえ、われわれはこの方（神）の似姿へと変えられるよう、この神の像をたえず見つめよう。実に、神の像にかたどって造られた人間が、本性に反して悪魔の像を見つめ、罪によって悪魔と同じものにされてしまうとすれば、ましてや、その似姿にかたどって神によって造られた人間は、神の像を見つめることで、ロゴスとその力を通して、かつて自分に与えられていたロゴスの姿形を再び受けるであろう。

（オリゲネス『創世記講話』I.13）

オリゲネスは、神がそれにしたがって人間を創造した「神の像」とは、ロゴス＝キリストのことであると考える。すなわちロゴスとは、「神の働きを映すくもりなき鏡であり、神の善の像」（『諸原理について』I.2.5）なのである。神は、鏡として存在するロゴスのうちに世界の理念を表現し、それを設計図として世界を創造した。さらに神は、鏡に映る自己の像にしたがって、人間を創造したのである。

しかし先に見たように、人間は原罪によって神から離反し、「神の似姿」を喪失してしまった。そしてロゴス＝キリストは、そのような人間たちを救済するために、自ら人間として受肉し、世界に到来するのである。キリストの姿を見つめ、その業に倣うことによって、人間は再び神のもとへと近づくことができる。パウロが述べているように、「われわれは皆、顔を覆わずに、主の栄光を鏡に映すように見つつ、主の霊によって栄光から栄光へと、主と同じ像へと変えられてゆく」(『コリント人への第二の手紙』三章一八節)。オリゲネスはパウロのこのような文言を踏まえながら、人間の生の終極《テロス》の姿について、次のように述べている。

そのとき、神のもとにある言葉《ロゴス》を通じて神のもとにたどり着いた者たちにとって、なすべき業はただ一つです。つまり、神を思いめぐらすことです。それも、今は子ただ一人が父を知覚しているように、認識によって父と一つになり、完全に子の姿に変えられるためです。

(オリゲネス『ヨハネによる福音注解』I.16.92)

『ヨハネによる福音書』が述べるように、世界の「初め」においては、神とその言葉《ロゴス》がともに存在していた。神は、「鏡」としてのロゴスに自己の像を映すことによって思考を展開し、世界と人間を創造する。そして、人間は原罪を犯すことによっていったんは神から離反し、「神の似姿」を喪失するが、ロゴス＝キリストの救済の業にあずかることにより、神の現前へと復帰する。終極においてて人間は、「神の像」であるロゴスそのものの姿へと変容し、父について思惟するのである。オリゲネスは、「常に終極は始源に似ている」(『諸原理について』I.6.2)と述べている。

ロゴス＝キリスト論とは

さてここまで、何人かの教父や神学者たちの教説を取り上げ、キリスト教神学の展開を跡づけてきた。ちなみに現在のキリスト教史研究においては、「教父学」と呼ばれる分野が隆盛を見せており、そこではさまざまな教父の生涯や教説について、詳細な研究が行われている。そしてそのような研究からすれば、例えばロゴス＝キリスト論一つを取ってみても、個々の教父ごとの差異は無視のできない大きさを持っているのであるが、しかし本書では、それらの点に過度に拘泥《こうでい》するのは控えておきたい。というのは、誤解を恐れずにあえて言ってしまえば、本書の主題であるグノーシス主義との差異、というレベルから考えてみれば、個々の教父ごとの差異というものは、ほとんど無視しても構わない程度のものだからである。むしろ本章の考察では、数々の齟齬が存在するにもかかわらず、教父たちの伝統において、キリスト教教義の基軸となるものが着実に練り上げられていったということに、より注目することにしたい。

先に述べたようにロゴス＝キリスト論は、キリスト教の教義が形成される過程において、中心的と言いうる重要な役割を担った。それは総体として、どのような機能を果たしたのだろうか。ここまでいささか箇条書き的な記述が続いたので、再び整理しておこう。

まず第一に、先にフィロンの箇所で述べたように、「哲学者の神」と「聖書の神」の調停が可能になったということである。神とその言葉を区別し、前者を「父なる神」、後者を「子なる神」とすることによって、「父なる神」を形而上的な超越性と普遍性を備えた存在と位置づけ、そして世界の創造以降の具体的な歴史の過程については、「子なる神」（および「聖霊」）が主要な役割を果たすことになった。「子」は、「父」の存在を表象するものとなったのである。

第二に、ロゴス＝キリストが世界の始源《アルケー》から存在したこと、そしてそれがあらゆる知恵の源泉であることを主張することによって、聖書的伝統や哲学的伝統をキリスト教の内部に取り込み、それをキリスト教的に解釈することが正当化された、ということである。神の超越性について論じる際に、キリスト教神学は実際にはプラトン主義的な形而上学に依拠しているわけだが、多くの教父や神学者は、それらの学知が本来はロゴス＝キリストにこそ由来するものであることを主張した。また、ロゴスの働きは旧約聖書にも及んでいるために、それを「キリスト教の聖書」として主張することが可能になったわけである。

そして第三に、「ロゴスの受肉」という概念が、キリスト教神学にとってもっとも基礎的な教義になったということである。これまで述べてきたように、ロゴスという概念は、キリスト教神学に形而上学的枠組みが導入される際に主要な役割を果たしたのだが、『ヨハネによる福音書』一章一四節において「言葉が肉体となった」ことが明確に述べられたことは、キリスト教神学に対して、単なる形而上学にとどまらない独自のダイナミズムをもたらすことになった。

『ヨハネによる福音書』自体には、聖餐礼についての明確な記述が欠如しているものの、先にユスティノスの記述を見たように、「ロゴスの受肉」という教義は徐々に聖餐という儀礼と結合し、「神の言葉の分有」という観念に結実してゆく。そしてこの観念は、グノーシス主義との相克における中心的な争点の一つとなるのである。ここでは補足として、エイレナイオスが聖餐について記述した箇所を引用しておこう。

ところで、感謝《エウカリスティア》の祭儀（聖餐）で聖別されたパンが自分たちの主の体であり、杯がその血であることは、主が世の作成者の子、すなわちその御言葉であると彼ら（グノーシス派）が言わないなら、彼らにとってはどのようなものとしてありうるのであろうか。この御言葉によってこそ、木が実を結び、泉が流れ出し、地がまず苗を、次に穂を、次に穂のなかに豊かな実を生み出すのである。……（中略）……私たちの考えはエウカリスティアと調和しており、また逆に、エウカリスティアが考えを強める。私たちは、肉と霊との共同性と一致をちょうどうまい具合に告げ知らせつつ、神に神自身のものを捧げるのである。地に由来するパンが神への呼びかけを受けいれると、もはや普通のパンではなく、二つのもの、地上のものと天的なものから成り立っているエウカリスティアとなるように、私たちの身体もエウカリスティアにあずかると、もはや朽ちるべきものではなく、復活の希望を持つものとなる。（『異端反駁』IV.18.5）

聖餐において、キリストの真の血肉へと変化したパンとブドウ酒を食することは、その儀礼に参与する信徒たちに「肉と霊との共同性」を、そして、復活の希望を持つ新しい「身体」を与える。すなわち、受肉した神の言葉を共食するという聖餐の儀礼は、キリスト教的な共同体＝教会を結成するための基盤となるのである。

聖霊の働き

次に、神のもう一つの位格《ペルソナ》である「聖霊」の働きについて見ておくことにしよう。キリスト教の教義を要約するのにすでに紙幅を使いすぎているので、ここでは必要最低限の要点のみを簡潔に指摘しておくことにする。

『ヨハネによる福音書』では、キリストが昇天した後、「助け主《パラクレートス》」あるいは「真理の霊」と呼ばれる聖霊が使徒たちのために派遣され、彼らを真理へ導くことが約束されている。また、磔刑の死の後に復活したキリストは、使徒たちの顔に息を吹きかけて「聖霊を受けよ」と語る。このように、聖霊に導かれることにより、使徒たちは福音の伝道を開始するのである。

聖霊と使徒との関わりは、『使徒行伝』においてより明確に描かれている。その二章三節によれば、五旬節《ペンテコステ》の日、使徒たちが一堂に会していると、激しい風が吹いてきたような音が天から起こり、そこに聖霊が降臨した。そして「舌のようなものが、炎のように分かれてあらわれ、一人一人の上に留まった」。聖霊は使徒たちの身体に宿り、その「舌」となって、さまざまな言語を語り始める。こうして聖霊の力に満たされた使徒たちは、世界の各地へと派遣され、そこで福音の伝道を遂行するのである。

言うまでもなく使徒たちの働きは、各使徒によって個々別々のものとなるわけだが、彼らの働き全体を司っているのが「聖霊」であると考えることにより、その使信の同一性が担保されることになる。「最後の晩餐」のエピソードにおいては、使徒たちが一堂に会して食事を摂ることによって、彼らが互いに一致しているということが演出されているわけだが、「聖霊降臨」のエピソードもまた、それと同様の効果を持っていると考えることができるだろう。

「聖霊による洗礼」と神の名

それでは、聖霊が使徒たちに、あるいは信徒たちにもたらす力とは、どのようなものだろうか。それは大別して、二つの点に分けられる。

まず第一に、聖霊を受けるということは、その人間にとっての「生まれ変わり」を、すなわちキリスト教徒としての「新生」を表すということである。霊を意味するギリシャ語の「プネウマ」という言葉は、より一般的には「息」や「呼吸」という意味を持つ。『創世記』の記述においてアダムは、神から息を吹き込まれることによって「生きたものとなった」（二章七節）。そして『ヨハネによる福音書』において使徒たちは、キリストから息を吹きかけられることによって、キリスト教徒としての新たな生を生き始めることになる。

福音の伝道において使徒たちは、「聖霊による洗礼」を施すことによって、キリスト教信仰への改宗者を獲得するのだが、ここで洗礼とは、キリスト教徒としての「新生」を演出するものと考えられる。胎児の状態において、母親の胎内で羊水に浸されている人間は、出産によって水のなかから外界へと生み出され、そこで初めて空気に触れ、呼吸し始める。洗礼において、入信者がいったん水に浸された後にそこから引き上げられるのは、キリスト教徒としての誕生、人間としての再生を表している。『ヨハネによる福音書』三章五節によれば、「誰でも、水と霊から生まれなければ、神の国には入ることができない」のである。

このように洗礼とは、キリスト教にとっての入信儀礼であり、新たな社会的ステイタスを獲得することを意味しているため、必然的に「命名」という事柄と深い結びつきを持つ。もともとユダヤ教においては、割礼がその入信儀礼であり、同時に命名儀礼として存在していたのだが、パウロはこの儀礼を「肉による割礼」として批判し、「霊による割礼」である洗礼をその優位に置いた（『ローマ人への手紙』二章から六章）。

やや時代が下るが、三世紀以降、キリスト教の普及によって幼児に洗礼を施すことが一般的なものになると、洗礼の際に「霊名（nomen spirituale）」（いわゆるクリスチャン・ネーム）を付与することが慣習化する。肉親ではない社会的父、擬制的親族としての「代父《ゴッド・ファーザー》」が名親となり、肉的な誕生に続く、霊的な誕生の姿を上演するのである。

このように、名の継承としての意味を持つ洗礼という儀礼は、聖霊の臨在のもと、「父と子と聖霊の名」、あるいは「キリストの名」において執り行われなければならない。そこでは、「神の名」が必要不可欠のものとされる。

ユスティノスは洗礼の意義について、次のように述べている。彼はまず、自然的な「第一の誕生」に対して、それを「親の交合により、湿潤な種から否応ない強制によって生まれ、悪い習慣やよこしまな教育のなかで育ってきた」ものであると見なす。これに対して洗礼とは、「自発的選択と知識とを有する子供となるために、さらには犯した罪の許しを得るために」執り行われる「新生の道」なのである。洗礼の際には、神の名を唱えることが不可欠であるとされ、「十字架につけられたイエス・キリストの名と、イエスに関するすべてのことを、預言者を通じて事前に宣言した聖霊の名とによって照明を受ける人は、洗礼を受けるのです」（ユスティノス『第一弁明』61.10）と語られている。

聖霊と聖書解釈

聖霊に満たされることによって、人間は新しい生命を、そして神の言葉を伝達する力を与えられる。使徒や弟子たちは、このような聖霊の力に基づいて福音の伝道を行った。そして、彼らの言葉や業を記した文書が集成され、「新約聖書」となったわけである。

しかし、聖霊が人間にもたらす力とは、それだけではない。聖霊は人間に、聖書を正しく読み解くための方法、すなわち「霊的解釈」という技法を与えるのである。

アレクサンドリアで活躍したオリゲネスは、フィロンに始まる聖書の寓意的解釈の伝統を受け継ぐことにより、聖書の霊的解釈という技法を発展させた。ここでは、『諸原理について』という著作の第四巻を参照することにより、その特徴を整理しておこう。

最初にオリゲネスは、『テモテへの第二の手紙』三章一六節に依拠しながら、「聖書はその全体に渡って霊感によるものである」ということを主張する。それゆえにこそ聖書は、霊的な仕方で読解されなければならないのである。

そしてオリゲネスは、「聖書を理解するために進むべき道が多くの人々に知られていないので、ある人々は正しく読まず、数多の誤謬に陥った」(『諸原理について』IV.2.1)と主張する。すなわち、聖書を正しく読解できないために、一方でユダヤ人たちは、旧約聖書のなかにキリストの業がすでに示されていることを否定し、他方で異端者たちは、旧約の造物主が偽りの悪神であるという極端な結論に到達してしまうのである。

オリゲネスによれば聖書には、「肉的」「魂的」「霊的」という、三通りの解釈の層が存在している。まず肉的解釈とは、聖書の文字通りの意味、あるいは歴史的な意味を指示し、次に魂的解釈とは、より教化の程度を高めた道徳的な意味を、そしてもっとも高度な解釈である霊的解釈とは、聖霊自身によって明らかにされる秘義的な意味を指示する。

言うまでもなく人は、聖書をまずは「文字通りに」読解しようとする。しかしオリゲネスによれば、そのような方法によって聖書を隈無く理解することは不可能である。多くの人が感じざるをえないように、福音書におけるイエスの言葉は、しばしば真意の定かでない謎めいた表現を伴っている。また旧約聖書に関しても、その歴史記述には無数の矛盾が含まれているために理解が困難であり、律法が示す戒律はしばしば不合理でそれを正確に遵守することができず、ユダヤの族長たちの行為には堪えがたく不道徳なものが描かれている。特に、人間に対する造物主の振る舞いは、ときに神としてふさわしくないものが含まれているのではないのだろうか——。

しかしオリゲネスは、聖書の記述に存在するこのような「不備」や「弱点」を、キリスト教的解釈の正当性を証し立てる「強み」へと、ラディカルに逆転させようとする。すなわち、聖書が文字通りの意味において首尾一貫性を備えていないということは、そこに解釈の複数の層が開かれているということを暗示しているのである。むしろ「神の知恵は、不可能なことやつじつまの合わないことに関する話を途中に挿入して」、文字通りの理解を意図的に妨げようとした。そしてそれは、人を「別の道の入り口に呼びもどし、こうして狭い小径《こみち》の入り口を潜り抜け、いっそう高度な卓抜した道を通って、神的知識の測り難い広がりへと導くためである」(『諸原理について』IV.2.9)。ゆえに人は、ユダヤ人や異端者のようなやり方ではなく、聖書をキリスト教的に、「聖霊の導き」に従って読解しなければならない。

このような聖書解釈がもたらす具体的な成果については、オリゲネスの著した膨大な釈義書を対象としなければならなくなるため、ここでは措いておこう。「霊的解釈」の技法は、ミラノのアンブロシウス(三三九頃〜三九七)を通してアウグスティヌスにも継承され、彼がマニ教を始めとする諸異端との論争を行う際に、有力な武器ともなったのだった。

3　言葉の分裂

父を知らない神

さて、ここまで、キリスト教側の教義を要約するのにいささか手間取ってしまった。再びグノーシス主義の問題に戻ることにしよう。

これまでに取り上げたキリスト教教父や神学者は、その全員が何らかの形でグノーシス主義への論駁を行っている。そして、それらの全体としての執筆量や、そこで挙げられている論点の数は、まさに膨大なものに上るため、それらすべてを本書で取り上げることは不可能である。それでは、両者の対立においてその焦点となっている問題とは、果たしてどのようなものなのだろうか。

それを考察するための手掛かりとして、まずは先に見たテルトゥリアヌスによるグノーシス批判を想起することにしよう。テルトゥリアヌスは自身の三位一体論において、神の三つのペルソナが完全に一つのものであり、そこに断絶が存在しないこと、特に「父」と「子」の関係について、子は父のすべてを知り、その心をあらわし、その意志を遂行したということを主張している。これに対して、グノーシス主義の神々であるアイオーンたちは、父なる神のもとから「流出」し、自らの父を知らない存在に化してしまうのである。この箇所におけるテルトゥリアヌスの記述は、グノーシス主義の思弁を過度に単純化している嫌いはあるものの、しかしそれゆえにこそ、両者の決定的な違いについて鋭く指摘していると見ることができるだろう。

次に、両者における「鏡としての神」というモチーフについて比較してみよう。先に見たように、オリゲネスは、「子なる神」であるロゴス＝キリストについて、それを「父なる神」の姿を映す鏡である、と述べている。そして人間は、そこに映る「神の像」にしたがって創造される。人間は原罪によって、いったんは神のもとから離反してしまうが、可視的世界に現れた「神の像」であるキリストを見ることによって、父なる神のもとに再び帰ることができるのである。このように、オリゲネスにおける「鏡としての神」は、父なる神の姿を正しく表象するものとして捉えられている。

これに対して、前章で詳しく見たように、グノーシス主義における鏡のモチーフは、はるかに複雑な様相を呈している。そしてその理由は、そこにおける鏡が、単に神の真実の姿を正しく表象するものであるばかりではなく、見せかけのもの、外見は類似しているがその内実は異なるもの、原型に対して裏切りを働くもの、として存在しているからである。グノーシス主義は、鏡に映る表象に潜む両義的な性質を駆動力として、神々の抗争によって織りなされる複雑な諸神話を紡ぎ出してゆくのである。

キリスト教神学においてロゴス＝キリストは、父なる神の姿を正しく表象する「神の似像」であり、世界や人間もまた、神の言葉《ロゴス》のもたらす秩序に従って創造される。その論理において、似像はあくまで原型に忠実であり、この意味においてキリスト教神学は、プラトン主義の形而上学における「模倣《ミーメーシス》」の論理をそのままなぞっているのである。これに対してグノーシス主義においては、

「似像」が「原型」に対して反逆を起こし、そこから複雑な争いが開始される。両者の関係は安定したものとなりえず、錯綜した絡み合いが生まれるのである。

エイレナイオスは、グノーシス主義のこのような思考法に苛立ち、その憤懣を次のような仕方で言い表している。

天的かつ霊的で、不可視で言い表しがたいものが、これまた他の天的なものや別のプレーローマの型であり、神が他の父の似像である、などと述べることは、真理から離れて誤っている人、まったくの馬鹿で、鈍い人たちのすることである。このような人々は、何度も示した通り、いつも型の型、似像の似像を見出すことになり、決して自分の叡知を一人の神に固定することができない。彼らの考えは神を超えており、自分たちの心では、師なるキリストをも超えている。しかし実際には、真の神から遠ざかってしまっているのである。

（エイレナイオス『異端反駁』IV.19.1）

『三部の教え』におけるロゴス論

キリスト教との差異についてより具体的に考察を進めるために、グノーシス主義のテキストである『三部の教え』を再び参照することにしよう。前章で述べたように、『三部の教え』は一般にヴァレンティノス派に属する文書と考えられており、その物語の大枠は、他のヴァレンティノス派の神話とほぼ同一である。しかしながら、『ヨハネによる福音書』からとりわけ強い影響を受けていることが認められ、「ロゴス」という名の神の行動に焦点が当てられているところに、その大きな特徴がある。

『三部の教え』においても、万物の根源である至高の存在者は「父」と呼ばれ、そして父のそばには「独り子」と称される神が付き添っている。父なる神からは、その他のさまざまなアイオーンたちが流出するが、父について知ることのできるのは、ただ「独り子」のみであったとされる。独り子以外のアイオーンたちは、自分たちにとって父が把握不可能であるということを受けいれ、沈黙を守っていたが、アイオーンの最後の一人である「ロゴス」は、父について自ら直接知り、これを賛美したいと考える。ロゴスは、このような過剰な愛と思い上がりに満たされて、父に向かって突き進んだ。しかしそうすることで彼は、自らの身に悲劇を導き入れてしまう。

> 彼（ロゴス）は、確固たるものを手に入れようと欲したにもかかわらず、かえって影と影像と模写を生み出してしまった。なぜなら、彼は光の輝きに耐えることができず、下にある深淵の方を眺めてしまい、心を二つに分けてしまった（疑ってしまった）からである。分裂はここに由来する。
>
> （『三部の教え』NHC.I.77.14-23）

ここでは「ロゴスの過失」という出来事について描かれているわけだが、その内容自体については、前章で見た「ソフィアの過失」とほとんど変わらない。身の程をわきまえずに父を知ろうとした一人のアイオーンが、それに失敗するというモチーフである。

しかし『三部の教え』では、ソフィアの物語に見られるような濃密な性的ニュアンスは影を潜め、ロゴスという名の神格にふさわしく、「光」の比喩を用いてその光景が描かれている。ロゴスは、まったき光として存在する至高神を直視しようとするが、その輝きの強さに耐えられなくなり、思わず下方の暗闇へと目をそらせてしまう。こうした事態によってロゴス自身が二つに分裂し、二つに分かたれた心、すなわち「懐疑心」が発生すると同時に、あたかも過度の光刺激から目を逸らした瞬間に現れる残像のように、「影」、「影像」、「模写」といった諸表象が産出される。そして『三部の教え』によれば、物質世界は、このような影や模写によって生み出されるのである。

これ以降の物語の展開を、簡単に押さえておこう。分裂したロゴスは、その半身がプレーローマ界の外部に転落する。そしてロゴスはそこで、先ほど出現した影や模写たちが、「自分たちが存在するのは自分たち自身によるのであり、自分たちは初めなき者たちなのだと考えている」のを目の当たりにし、自らの過ちを悟って回心する。こうしてロゴスがプレーローマ界を想起すると、「魂的な者たち」がその似像として発出した。またプレーローマ界の神々も、ロゴスの回心に応えて「救い主」（キリスト）を流出する。そして救い主は、ロゴスを救済するために物質世界に降臨し、その姿を見たロゴスは「霊的な者たち」を発出するのである。

『三部の教え』に描かれたロゴス論は、概略として以上となるが、それはキリスト教神学におけるロゴス論とどのように異なっているのだろうか。第一の大きな特徴は、『ヨハネによる福音書』

において「子なる神」に対して与えられているいくつかの呼び名が、それぞれ別の神格として描かれているということである。すなわち、「独り子」「ロゴス」「キリスト（救い主）」は、『ヨハネによる福音書』やキリスト教神学においては同一の神格を指しているのだが、『三部の教え』においては、三つの別個の神格に分裂してしまっている。

そして第二点は、『三部の教え』におけるロゴスは、父なる神の存在を正しく表象しないということである。先に述べたように、この文書において「独り子」と「ロゴス」は別個の神格として存在しており、「独り子」は父を知っているのだが、「ロゴス」は父を知ることができない。そしてロゴスは、強引に父を知ろうとしてそれに失敗し、「影」や「模写」といった悪しき模倣者たちを生み出してしまう。それらは確かに「神の似像」であるものの、父なる神が存在することさえ否定しようとする、裏切りと欺きの表象と言うべき存在者たちなのである。

言葉の混乱

『三部の教え』によれば、ロゴスからは次のような三つの勢力が生み出される。すなわち、ロゴスの過失によって生まれた、影や模写といった「物質的な者たち」。そして、ロゴスの回心によって生まれた「魂的な者たち」。そして、キリストを見ることによって生まれた「霊的な者たち」。これらの者たちはそれぞれ「神の似像」として存在しているわけだが、父なる神の存在をどれだけ正しく、かつ忠実に表象しているかという程度に応じて、互いに異なっているということになる。

この文書ではさらに、これらの諸勢力の抗争を背景にすることによって、ギリシャ的な諸学が混乱する原因について解き明かされている。すなわち、真理の教えは、「霊的な者たち」を通して、プレーローマ界から地上の人間たちに教示され、そして「魂的な者たち」は、その教えを可能な限り忠実に伝達しようとする。しかし「物質的な者たち」はそれを横から剽窃し、あたかもそれを自分たちが考え出したものであるかのように吹聴する。すると「魂的な者たち」は、その虚偽を暴こうと「物質的な者たち」に争いを仕掛ける。こうして両者のあいだに抗争が始まり、その過程で真理の言葉は散り散りに切り刻まれ、その正確な姿が見失われてしまうのである。

この理由から、いまだかつて、誰とも何とも一致してこなかったのである。哲学然り、医学然り、修辞学然り、音楽然り、論理学然りであって、これらは単なる臆見と理屈に過ぎない。その結果、混乱した駄弁が支配することになってしまった。

（『三部の教え』NHC.I.110）

『三部の教え』においては、ギリシャ的な諸学と比較すると、ユダヤ的伝統、特に預言者たちの残した言葉に対して、一段高い評価が与えられている。いまだ不十分な仕方であるとはいえ、預言者たちは、父なる神の存在について、そしてキリストの到来について知悉しており、このような点に関して彼らは、その人数が大勢であるにもかかわらず、基本的に相互に一致しているからである。預言者たちは、彼らの内側で働いている力、すなわち「霊的ロゴス」あるいは「救いの種子」に促されて、真実を語っている。
しかしながら『三部の教え』は、これら預言者たちの言葉を記した旧約聖書に対して、それが紛れもない真正の神の言葉であることを承認しているわけではない。預言者自身は正しい言葉を語ったものの、その言葉が文書として伝承される過程において、そこにはさまざまな誤謬が混入することになったからである。そのことが次のような仕方で述べられている。

彼ら（ユダヤ人たち）は、それら（書かれているもの）を解釈することによって、数多くの異端を生み出してきた。その異端は今の時に至るまで、ユダヤ人の間に存在し続けている。そのある者たちは、神は唯一で、古い書物を公に語り伝えた神である、と言う。また別の者たちは、多くの神々がいる、と言う。また別の者たちは、神はその本性において、単純で単一の心だ、と言う。また別の者たちは、彼（神）の働きは、善と悪を措定することと結びついている、と言う。さらに別の者たちは、彼（神）こそは、存在するようになったものをそう在らしめた者だ、と言う。また別の者たちは、彼が（そのように）働きかけたのは、天使たちを通してなのだ、と言う。さて、この種の観念が多様であるのは、彼らの聖書の種類とかたちが多様であるということであり、それは彼らの律法の教師たちが生み出したものに他ならない。

（同 NHC.I.112-113）

預言者たちの言葉は、その真意を正しく理解しない者たちによって歪んだ仕方で記録・解釈され、数多くの「異端」を生み出してきた。特に、キリストの到来について理解しない律法学者たちの働きによって、聖書そのものが、真理と虚偽の入り交じった歪《いびつ》な書物へと変形されてしまったのである。

旧約聖書の切り分け

このように、旧約聖書に対する『三部の教え』の考え方は、幾分込み入っている。それは、そのなかに真理の言葉が含まれていること自体を否定しているわけではない。しかし、旧約聖書をそのままの形で、神聖なる書物として認めているわけでもない。その書物は、キリストの到来を予型として正しく描き出している部分と、それ以外の不純物や虚偽、あるいは神についての混乱した観念などによって、複雑に織りなされているのである。

旧約聖書に対するこうした捉え方は、エイレナイオスの報告による、ヴァレンティノス派プトレマイオスの教説にも存在する。前章で見たようにその教説においてもまた、世界は「霊」「魂」「物質」という三つの要素によって構成されると考えられている。

プレーローマ界から転落したソフィアは、「魂」から造物主《デミウルゴス》を作り出し、彼を「物質」的なものの父であり王とすることによって、世界の創造と支配を委任した。そして「魂」的な存在である造物主は、自分よりも上位の神々が存在することを知らなかったために、「私は神である。私のほかには誰もいない」という誤った言葉を口にしている。他方でソフィアは、造物主が人間を創造した際に、人間のうちに密かに「霊」を吹き込んだ。こうして生まれた「霊的人間」は、卓越した能力を持っていたために造物主からの寵愛を受け、王や神官、そして預言者に任命されたという。

このような前提から、プトレマイオスの考えによれば、旧約聖書に記された数々の言葉は、次のような三つの由来を持つことになる。すなわち、造物主によって発言された言葉、ソフィアが密かに吹き込んだ言葉、そして、人間に内在する霊的種子によって語り出された言葉。旧約聖書を読解する上で重要なのは、これらの要素を巧みに弁別し、特に「霊」によって語られた使信を正確に受け取ることなのである。

プトレマイオスによるテキスト操作の手法を目にして、教父エイレナイオスは自らの憤激を隠そうとしない。その論駁の言葉を、二箇所引用しておこう。

（異端者たちは）砂からひもを編み合わせようとしているのであり、その努力によってまことしやかに、主の譬え話や預言者の言ったことや使徒たちの言葉を、自分たちの言っていることに適応させようと試みるのであるが、それは自分たちの造り上げたものに証言があるかのように見せかけるためである。聖書の順序とつながりを破り、力の及ぶ限り真理の肢体を分解することによって自説への適応を試み、また、取り替えや改変を行ない、あるものから他のものを作成することによって、多くの人々を、自説に適合させられた主の語録ででっち上げられた見せかけでもって欺くのである。

（『異端反駁』I.8.1）

このようなことを言う人々に対しては、彼らの言う「万物の父」なるものを、次のような袋小路に誘いこむことはまったく理不尽なことだと言いたい。彼らの説によれば、この父は、プレーローマ内のことを純粋な形で告げ知らせるための道具を持っていないことになるからである。彼らはその父が、自由に、欠乏と無知のうちに生じた霊を混ぜることなく、独自の方法で自分の意志を打ち明けることができないというが、それは一体だれを恐れてのことだったのだろうか。 (同 IV.35.1)

『フローラへの手紙』

旧約聖書に対するグノーシス主義的解釈の手法を明らかにするために、もう一つだけテキストを参照しておくことにしよう。それは、教父エピファニオスの『薬籠』に収録された、『フローラへの手紙』という文書である。この文書は、ヴァレンティノス派のプトレマイオスという人物が、その教説に初めて触れようとしている女性信徒フローラに宛てて著した手紙であるとされる。

『フローラへの手紙』の著者が、エイレナイオスが『異端反駁』で報告する「ヴァレンティノス派プトレマイオス」と同一人物なのかどうかという問題は、興味深いテーマであるものの、ここでは措いておこう。『フローラへの手紙』のプトレマイオスによれば、その教説は「われわれが代々受け継いできた使徒的伝承」に基づくものであり、彼はこの手紙において、主に『マタイによる福音書』とパウロ書簡に示された律法批判の内容に依拠することにより、旧約聖書のテキストに潜在するその多層的な構造を明晰に描き出そうとする。

プトレマイオスはこの手紙の冒頭で、旧約聖書の理解に関する二つの極端な立場を退ける。それは一方で、律法は「父なる神」によって制定されたとしてそれを全肯定する立場であり、他方で、律法は「有害なる悪魔」によって制定されたとして全否定する立場である。プトレマイオスによればこのような立場はともに、旧約聖書全体の単一性を疑っていないがゆえに過度に単純であり、誤っている。彼の考えでは、旧約のテキストは、モザイク状とも言うべき複雑な組成を有しているのである（図7）。

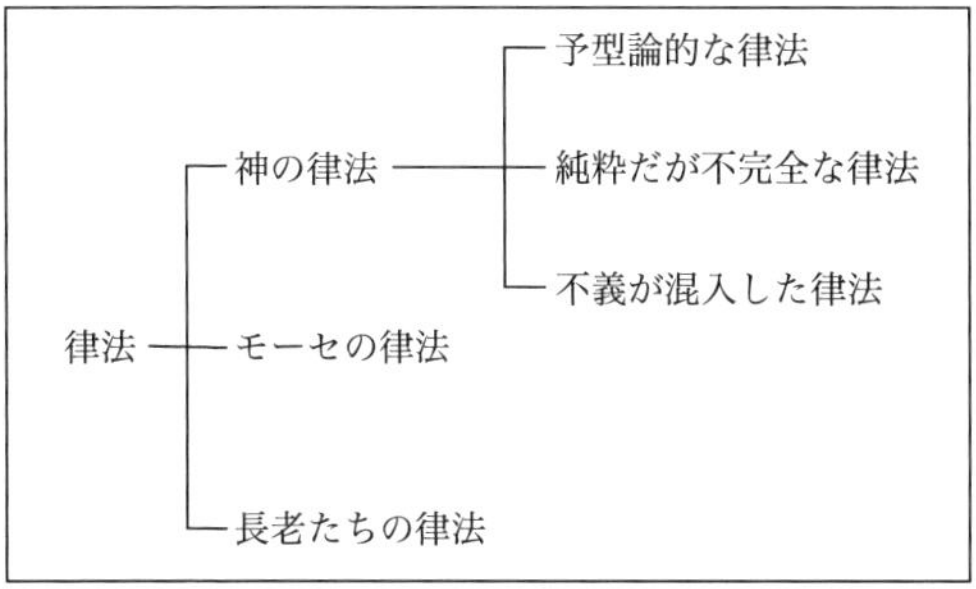

図7　『フローラへの手紙』における律法の構造

律法について正しく理解するためには、まず始めに、神によって定められた律法と、人間たちによって定められた律法が、相互に混じり合っていることを理解しなければならない。すなわち、モーセは、神の定めた律法を遵守できない人間たちがより深い不義へと堕落してしまうのを憂慮し、その予防策、妥協案となる律法を自らの考えで挿入した。またユダヤの長老たちは、その共同体的慣習に由来する種々の律法を、神の律法のなかに密かに挿入したのである。こうして律法はまず、神の律法、モーセの律法、長老たちの律法へと区分される。

次にプトレマイオスは、神の律法をさらに三つに区分する。それは、⑴純粋ではあるが不完全な律法、⑵不義が混入した律法、⑶予型論的な律法、の三種類である。

⑴の例としてプトレマイオスは、十戒に属する三つの戒律、すなわち「殺すなかれ」、「姦淫するなかれ」、「偽証するなかれ」を挙げる。これらの法は決して誤ったものではなかったが、キリストはこれらの戒律をそれぞれ「怒るなかれ」、「情欲を抱いて他人を見るなかれ」、「一切誓うなかれ」という戒律によって更新することで、完全なものとしたのである。

⑵に相当するのは、「目には目を、歯には歯を」の命題に代表される、いわゆる「復讐法」である。復讐法によれば、誰かを殺害した者はその被害者と同じように死刑に処せられなければならない。しかし人はこの法に従うことで、一度の事件に際して結果的に二度の殺人を犯すことになり、その行為は十戒に含まれる「殺すなかれ」という殺害禁忌の法に抵触する。プトレマイオスによれば、キリストはこの種の律法を全面的に廃止し、「隣人への報復」の法を「隣人愛」の法へと転換したのである。

⑶の予型論的律法では、種々の祭儀律法が取り扱われる。キリスト教神学の体系と同様に、プトレマイオスにおいても予型論とは、物質的存在が霊的存在をあらかじめ表象するという事柄を意味する。特に、割礼、安息日、過ぎ越しといったユダヤ教的諸儀礼は「超越的なものに似せて制定された象徴」であり、キリストはそれらの指示対象を、「物質的」なものから「霊的」なものへと向け変えたのである。

このようにプトレマイオスによれば、単一の神によって制定されたと考えられている旧約律法は三つの種類に分割され、そしてそれらの背後には、実は三種類の神がいる。それらはすなわち、予型論的表象によってその存在がかすかに暗示される「真の神」であり、次に、十戒を定めた「義の審判者」としての神（造物主）であり、最後に、人間を不義へと導くため、復讐法を律法のなかに密かに挿入した「悪魔的な神」である。キリスト、そして使徒パウロの律法批判の言葉が究極的に指し示すものとは、旧約のテキストの背後に複数の著者、複数の神が存在するということであり、真のキリスト教徒はこの知識を前提として聖書を正しく読解しなければならない――このことが、『フローラへの手紙』という短信における結論である。

解釈学上の差異

グノーシス主義とキリスト教における聖書解釈の手法を比較してみると、そこには一見したところ、著しい共通性を認めることができる。両者はともに、予型論という枠組みや、「肉（物質）」「魂」「霊」という三分法を用いて聖書を解釈しようとするからである。

両者はなぜこのような共通性を持つのだろうか。それは、きわめて巨視的に見た場合に、両者の体系が共通の枠組みを持っているからである。本書の前半部で述べたように、キリスト教とグノーシス主義はともに、超越的神格として「父なる神」が存在し、ロゴス＝キリストや聖霊といったその他の神格が、その存在を表象する、と考えている。そして、このような「存在と表象」の関係をベースにして聖書を解釈しようとするために、両者の解釈学は似通ってくるのである。

しかしながらそのような共通性は、あくまで表面的なものにとどまる。両者はどのような点で食い違っているのだろうか。

テルトゥリアヌスが打ち出した「三位一体」論に見られるように、キリスト教神学は、神の役柄《ペルソナ》をいったんは三つに分割しながらも、それらが一体であること、存在と表象のあいだに亀裂や齟齬が存在しないということを強く主張する。そして、そのような神のペルソナが介在したものである限りにおいて、聖書の言葉にも分裂は存在しない。聖書の一体性を保証しているのは、神の複数のペルソナの一体性なのである。

これに対してグノーシス主義の場合には、まったく状況が異なる。グノーシス主義においては、存在と表象のあいだに亀裂が入ること、表象が存在を裏切り、両者に対立関係が生まれるということが、その世界観の特徴となっているからである。そして、「正しい表象」と「欺きの表象」をいかにして区別するかということが、その思弁における主な課題となる。

両者のこのような差異は、聖書的伝統をどのような仕方で継承するかという事柄にも反映している。キリスト教神学が、予型論的解釈によって旧約聖書と新約聖書の一体性や連続性を確保し、霊的解釈によって文字的読解のレベルにおける数々の矛盾や不合理な箇所を縫い合わせようとするのに対して、グノーシス主義の考えでは、聖書の錯綜した言葉のなかから、真実の神の予型として存在している箇所、そして「霊」によって語られた箇所を抽出することが目指される。グノーシス主義の解釈は、聖書を切り裂いてゆくのである。

使徒たちの対立

次に、旧約聖書と預言者の問題から、新約聖書と使徒の問題へと、話を移そう。

旧約から新約へと連なる神の言葉の伝達は、最終的には、新約に収められた主要な文書の著者である、使徒たちへと委ねられることになる。そして先に述べたように、キリスト教神学においては、使徒たちが相互に一致しているということが、聖書の物語のいくつかの場面で明示されている。それはまず第一に、「最後の晩餐」においてキリストと使徒たちが揃って食事をともにするという場面であり、そして第二には、「聖霊降臨」において使徒たち全員が聖霊に満たされ、聖霊によって語り始めるという場面である。それではこれに対して、グノーシス主義のテキストで描かれる使徒たちとは、どのような存在なのだろうか。

多くのグノーシス主義者が、自らを「使徒的伝承」の正統な担い手として認じていたことは明らかである。そして、彼らが自身を「真のキリスト教徒」として考えるということは、換言すれば、彼らが真正なる使徒的伝承の継承者であると自認している、ということを意味していた。例えば先に見たように、プトレマイオスは『フローラへの手紙』において、自らの宗派こそが使徒的伝承を代々受け継いできた、ということを表明している。またアレクサンドリアのクレメンスは、グノーシス主義者バシリデースが、ペトロの通訳であったグラウキアスから教えを伝授されたと主張していること、そしてヴァレンティノスが、パウロの弟子であるテウダスの講話を聴講したと主張していることを伝えている。

しかしこのような間接的情報に頼らなくとも、グノーシス主義において「使徒的伝承」が重要視されているということは、ナグ・ハマディ文書に収録されたテキストの題名を一瞥するだけでも明らかだろう。『ヨハネのアポクリュフォン』、『ヤコブのアポクリュフォン』、『パウロの黙示録』、『ペトロの黙示録』、『トマスによる福音書』、『フィリポによる福音書』等々、それらのテキストの大半は、使徒の名、あるいはキリストの教えを直接受けたと見なされる人々の名が冠せられている。これらの文書は、救済者が使徒たちに直接伝達した教えを書き記したものとして提示されているのである。

そして、これらの文書における使徒の位置づけには、グノーシス主義に固有のものと見なしうるような、いくつかの特徴がある。それは第一に、多くのテキストが、特定の使徒のみに伝授された隠された教説を書き記したものとされているということ、そして第二に、使徒たちのあいだの対立や、見解の相違がしばしば描かれているということである。

第一の特徴を例示するものは、まさに枚挙に暇がない。第2章で詳しく見た『ヨハネのアポクリュフォン』は、パリサイ人から投げ掛けられた言葉によって救い主への疑念が芽生えた使徒ヨハネに対し、救い主が彼に与えた黙示という形式を取っており、その文書の末尾には「私が君にこれらのことを話すのは、君がそれを書き留めて、君と同じ霊の者たちに密かに伝えるため」であると記されている。また同時にそこには、「これらのことを贈物、あるいは食べ物、あるいは飲み物、あるいは着物、あるいは何かこの種の物と引き換えに与える者は誰であれ呪われよ」という、機密性を保持するための警告が付されている。他の明示的な例として、『トマスによる福音書』は、「これは生けるイエスが語った、隠された言葉である。そしてこれを、ディディモ（双子）・ユダ・トマスが書き記した」という序文から書き始められる。このようにグノーシス主義の諸文書は、公開性から離れた秘義的な伝授、という基本的性格を有しているのである。

　第二の特徴は、この第一の特徴と密接に関連している。すなわち、隠された教えが特定の使徒のみに伝達されるために、ときに使徒たちのあいだにおいて、相互の見解の不一致という事態が発生するのである。

　その一例として、『マリヤによる福音書』を見よう。この文書は、福音の宣教を継続する自信を喪失した使徒たちに対し、マグダラのマリヤが、自分だけに伝えられた救い主の言葉を打ち明けるという枠組みによって構成されている。

　使徒ペトロはマリヤに対し、「姉妹よ、救い主が他の女性たちにまさってあなたを愛したことを、私たちは知っています。あなたの思い起こす救い主の言葉を私たちに話してください。あなたが知っていて私たちの知らない、私たちが聞いたこともないそれらの言葉を」（『マリヤによる福音書』ベルリン写本、10）と要請する。このような描写はしばしば先行研究において、ペトロに対してマリヤを優位に置くという、グノーシス主義の「フェミニズム」的な傾向を表すものとして捉えられてきたが、そのような事柄は実際にはさして重要ではない。注目しなければならないのはむしろ、イエスに直に触れた者たちのあいだで、真理の開示に関する差別化が行われており、それとともにその教えの本質についての理解が、使徒たちのあいだですでに齟齬を来しているということである。ペトロの要請に応じ、マリヤは自分のみに明かされた救い主の教えを伝えるのだが、その言葉を受け入れるべきかどうかということに関して、使徒たちの意見は四分五裂している。

第二の例としては、『ヤコブのアポクリュフォン』の一場面を挙げることができるだろう。その物語によれば、あるとき「十二弟子は全員、一緒になって座っており、救い主が彼ら一人ひとりに密かに、あるいは明白に語ったことを思い出し、それを文書にまとめていた」(『ヤコブのアポクリュフォン』NHC.I.2)。するとそこに、復活したイエスが現れ、使徒たちのなかからヤコブとペトロのみを呼び寄せ、彼らに秘義的な教えを伝達するのである。

このテキストは書簡形式を擬して著されており、その受け手に対しては次のような注意が付与されている。「私はそれをヘブライの文字で書き記し、あなたにお送りします。それも、あなた一人だけに。しかしあなたは聖なる人々の救いのための奉仕者なのですから、この文書を多くの人々に無差別に読み聞かせることのないよう心掛け、注意してください。救い主は、これを私たち十二弟子の全員に伝えることを望まなかったのです」(同 NHC.I.1)。残りの使徒たちは、真理の伝承が彼らにではなく、むしろ「後に来ることになる子供たち」に行われるということを聞き、それに立腹するのである。

『ペトロの黙示録』

グノーシス主義における「使徒的伝承」の特殊性をもっとも顕著に示していると考えられるのは、『ペトロの黙示録』である。言うまでもなくペトロは、使徒たちのなかでも筆頭としての地位を与えられている人物であるが、この文書では、救い主がペトロに対して明かしたとされる秘義的な教えが記されている。

『ペトロの黙示録』で救い主は、この世が悪しきアルコーンたちに支配されていること、そして彼らが「真理の模倣物」を蔓延させていることを、ペトロに教える。アルコーンたちは、「秘義を理解せず、知りもしないことを語り、それにもかかわらず高慢になり、真理の秘義は自分たちのもとだけにある、と言う」。彼らは真理の模倣物を捏造して、「私の言葉で商売する」。そして、こうした偽りの教えにより、多くの人々が「迷いの名へ、また悪しき術策を弄《ろう》す者へ、そして多くのかたちを持つ教説《ドグマ》の手中へと陥る」のである。

救い主はペトロに、これらの虚偽的な教説に惑わされることなく、「不正と不法の言葉と正義の言葉とを区別しなければならない」、と告げる。しかしこれに対するペトロの返答は、次のような興味深いものである。

私は言った、「あなたの話を聞いて、私は不安です。私にとって、小さい者たち（真理を知解する者たち）の方がむしろ、模倣物であるかのように思えるからです。逆に、活ける者たちの群れを迷わせ、押し潰してしまうであろう者は、数多くいます。彼らがあなたの名を語れば、人々は彼らを信じてしまうでしょう」。

（『ペトロの黙示録』NHC.VII.79-80）

ペトロは救い主に対して、自分は「真理」とその「模倣物」を区別することができるのだろうか、という不安を表明する。そして、『ペトロの黙示録』の全体を通読してみれば、ペトロのこのような不安には十分な根拠があるように思われてくる。というのは、このテキストの後半部では、救い主が被った受難の実態について解き明かされ、そこで救い主は、自らの本質が「輝く光で満たされている叡知的な霊」であり、十字架上で受難したのは見せかけの肉体、身体という「代価」、自分自身の模像にすぎない、という仮現論を展開するからである。しかし、救い主自身さえもが偽りの模像の姿をまとって現れる世界のなかで、人間は果たして、真理と虚偽を正しく見分けることができるのだろうか。

キリスト教神学においては、キリストが受肉し、受難したこと、そしてその血肉が供犠の食物となり、それを共食することによって神と人間とのあいだに交感《コミュニオン》が成立するということが、その教義の中核をなしている。これに対してグノーシス主義では、キリストの受難という出来事が仮現論によって回避されてしまうため、受難によって捧げられる血肉が、宗教的シンボルとして機能することはない。むしろ、受難という「見せかけ」の背後に隠された真実を読み取ることが要請されるのである。

『ユダの福音書』

このような事柄は、近年公開されて話題を呼んだ『ユダの福音書』とも深く関係していると考えられる。その内容を、ここで簡単に見てみよう。

『ユダの福音書』は、イエスがイスカリオテのユダに対して明かした秘密の啓示であるとされる。その冒頭では、使徒たちが集まって聖餐を行っている場面が描かれるが、イエスは彼らのことを嘲笑し、彼らは私のことを理解することができないだろう、と語る。というのは、聖餐の儀礼を行う者たちは、キリストが本当に死ぬと思い込んでいるからである。そして、隠された真理を知ることができるのはむしろ、聖餐の交わりから排除されたユダである。イエスはユダに、使徒たちから離れるように促し、世界の始源から終末にまで至る真実の歴史を、彼だけに物語る。

『ユダの福音書』は、分量としてかなり短いテキストであるため、そこには仮現論に関する記述はほとんど見られない。しかし、おそらくは仮現論的なキリスト論をベースとすることにより、使徒たちに対する評価を逆転させようと試みた文書であることが想定される。キリストが磔刑を受けたのは、あたかも自分が死んだかのように思わせることによって、この世の支配者たちを欺くためであった。そしてその場合には、イエスを磔刑へと引き渡したユダの行為は、必ずしも悪しきものとは捉えられないことになる。むしろユダこそが、イエスの真意を理解していた数少ない人間の一人であり、その計画に密かに協力した人物なのである。『ユダの福音書』は、ユダがいくらかの金銭と引き替えに、イエスを律法学者たちへ引き渡す場面でその幕を閉じている。

4　真の神の名

洗礼の両義性

このようにグノーシス主義は、神の子であるキリストの自己犠牲という観念に裏づけられた「聖餐」の儀礼については、その真正性・有効性を完全に否定してしまう。それでは次に、「洗礼」についてはどうだろうか。キリスト教にとって、聖餐と並んで重要な儀礼とも言いうる洗礼について、グノーシス主義はどのように考えるのだろうか。

「生き残ったグノーシス教徒」と呼ばれるマンダ教においては、洗礼という儀礼が共同体祭儀の中心を占めている。前章で見たようにその神話においては、至高神が「器」や「壺」を意味する「マーナー」と呼ばれ、そこから「活ける水」が絶えず流れ出る、と考えられる。マンダ教徒にとって洗礼とは、天界から流れ出る「活ける水」によって身を清めるという、聖なる行為なのである。川の流れる水は「ヨルダン」と呼ばれ、汲み置かれた水ではなく、流水で洗礼を行うことが重視される。マンダ教徒は、ヨルダン川でイエスに洗礼を与えた洗礼者ヨハネを崇拝し、自らを「洗礼者ヨハネの弟子」と称している。

しかしながら、紀元後二～三世紀のキリスト教グノーシス主義において、同じように洗礼が神聖視されているかと言えば、単純にそのようには言い難い。『ヨハネによる福音書』から大きな影響を受け、キリスト教正統派の立場にかなり接近していると見なされる『三部の教え』には、洗礼に対する賛美が見られるが、このようなケースはむしろ例外的なものである。全体として目を引くのはやはり、洗礼という儀礼に対する痛烈な批判である。

洗礼に対するグノーシス主義の態度が両義的なものとなるのは、その世界観において、「水」という存在が両義的な意味合いを帯びているということに起因する。前章までに詳しく見たように、グノーシス主義にとって「水」とは、主体の姿を映し出す「鏡」という存在と密接に結びついている。すなわち、神や人間は、水面に映る自己の姿を見ることによって自己の存在を認識する一方で、それによって主体を「自己」と「自己像」に分裂させ、外部の世界からの収奪やそこへの転落を経験することにもなるのである。

例えば、前章で見た『シェームの釈義』という神話では、「水」は明確に悪しき存在として描かれている。それは物質性の原理であり、嫉妬に満ちた「苦い悪の目」を形成して、上部に存在する霊を凝視することで、霊を自己の内部へと捕縛しようとする。そしてこの神話によれば、水による洗礼を主催するのは、聖霊ではなくて悪霊たちであり、その儀礼を執り行うことは、悪霊たちが張り巡らせている捕縛の鎖へと、自らの身を委ねてしまうことに他ならない。

迷わせる肉を負っている多くの者たちは、風と悪霊たちの手によって、有害な水へと降りてゆくだろう。そして、彼らはその水に、現に縛られている。それが行う癒しは、無駄な治療になるだろう。それは迷いに導き、世界を束縛するだろう。……（中略）……そして、人間たちは解放されない。彼らはその水に縛られているからである。その有り様は、ちょうど霊の光が太初から縛られているのと同じである。シェームよ、彼らはさまざまな種類の悪霊たちによって騙されている。そして汚れた洗礼によって、暗くて虚弱で怠惰で害する水が、諸々の罪を取り除いてくれるなどと考えている。

（『シェームの釈義』NHC.VII.36-37）

前章で見たように『シェームの釈義』は、『創世記』冒頭の「神の霊が水の面を覆っていた」という文言について、それを霊が悪しき水に捕縛されている光景だと解釈する。ゆえにこの文書によれば、水による洗礼が汚れや罪を取り除いてくれるなどという考えは、まったくの誤りだということになるのである。

「神の名」のための殉教

洗礼の執行自体を否定していないテキストでも、秘跡としてのその効果に対して、批判的かつ懐疑的な見解を示しているものが多い。『フィリポによる福音書』によれば、「キリスト教徒」という名は、それ自体として大きな力を宿している。「ユダヤ人」や「ギリシャ人」という名によっては誰一人動じることはないが、「もし君が『私はキリスト教徒である』と言うならば、あらゆる人が震え上がるだろう」。しかしその名は、洗礼を受けさえすれば誰にでも与えられるというわけではない。

誰であれ水へと降りてゆき、何ものも受けないうちに上がってきて、「私はキリスト教徒である」と言うならば、彼は御名を利息つきで借り受けたのである。もし彼が聖霊を受けているならば、彼は御名を贈り物として持っていることになる。贈り物を受け取った者は、それを奪い取られることはない。しかしそれを利息つきで受けた者は、再び取り返されてしまうものである。

（『フィリポによる福音書』NHC.II.64）

先に見たようにキリスト教の教義においては、「神の名」のもとに聖霊による洗礼を受けることにより、人間は新生の契機を与えられる。洗礼はキリスト教の入信儀礼であり、そして洗礼を受けた人間は、「キリスト教徒《クリスティアノス》」という、神の名に基づく新たな主体的名称を与えられることになるのである。

しかし『フィリポによる福音書』は、このような信仰のあり方に批判的な視線を向ける。洗礼を受け、その際に「私はキリスト教徒である」と告白するということは、あくまでも外面的な行為であり、そこに聖霊が臨在しているということを必ずしも確証するものではない。そして、聖霊に満たされることなしに受けた「キリスト教徒」という名は一時的な「借り物」にすぎず、利息を重ねる借金のように、いつかは返却を余儀なくされる。

ナグ・ハマディ文書に収められた文書のなかでも、『真理の証言』は、とりわけ論争的な姿勢が際立ったテキストである。そこでは、洗礼者ヨハネが「女の子宮のアルコーン」と蔑まれ、またヨルダン川とは「諸々の快楽の感覚」であり、その水は「性行の欲望」のことである、と断じられる。そして、無知な人間が「キリスト教徒」という名を受けることに対する激しい批判が、次のように述べられる。

愚かな者たちは、心のなかでこう考えている。「私たちはキリスト教徒です」と、力を伴わず、口先だけで告白しさえすれば、実際には自分たちを無知に——すなわち、人間の死に——引き渡していても、あるいは、自分たちがどこへ向かいつつあるのかも知らず、キリストは誰なのかも知らずにいても、自分たちは生きることになるだろう、と。彼らは迷っては、いつも支配と権威のもとに走り、彼らの手中に陥るが、それも彼らのなかにある無知のせいである。なぜなら、もし仮に証し（告白）の口先の言葉だけで救いを保証できるのであれば、この世界全体がこのことに耐えるであろう、そして救われることであろう。しかし彼らは、このようにして、自らに迷いを引き込んでしまったのである。

（『真理の証言』NHC.IX.31-32）

『真理の証言』では、口先だけの言葉や外面的な行いによって救済にあずかることができるという考えが、繰り返し批判される。なかでも、多くのキリスト教徒によって「血の洗礼」と称され、最高の功徳として賞賛された殉教に対する非難は、きわめて激烈である。

（殉教の）苦難を全《まっと》うした暁には、彼らは心のなかでこう考える。「もし御名のために自分を死に渡せば、われわれは救われるだろう」。実際には、ことはそのようには運ばない。それでも彼らは、人を惑わす星たちに誘われて、彼らの無駄な走りを「走りきった」と言うのである。

（『真理の証言』NHC.IX.34）

「私はキリスト教徒です」と公の場で自ら告白すること——。信仰とはあくまで個人の内面にとどまるものであるという近代的な宗教観念を前提とするわれわれにとっては、その重要性を理解するのにいささかの困難を覚えるかもしれない。しかし、最初期の教父たちや神学者たちの著作を紐解いてみれば、その重要性の大きさをうかがい知ることができる。というのはそれらにおいては、最初期のキリスト教徒たちが、まさに「キリスト教徒」という名のみのゆえに、ローマ帝国による迫害の対象とされたことが繰り返し記されているからである。

そしてこれは、逆に言えば、聖典や教義が十分に整備されていない段階においては、迫害に抗して、その名を遵守するということこそが、キリスト教徒にとっての集団的アイデンティティの中核として機能していた、ということをも意味している。最初期のキリスト教信仰のあり方とは、まさに「神の名」への信仰であった、と考えることができるだろう。

エイレナイオスは、グノーシス主義者が殉教者たちを侮蔑することに、きわめて激しく憤慨した。そしてそれに対する反論として、死によって肢体を切り離されても新たな四肢を直ちに回復させる、永続的な教会の組織体こそが、「真のグノーシス」と呼ばれるに値するものである、と主張している（『異端反駁』IV.33.7-10）。

迷いの名

しかし『真理の証言』の主張によれば、口先だけで御名を告白すること、そして軽率にも御名のために自らを死に委ねることは、単に無意味であるというばかりか、有害ですらある。なぜなら、キリストの名が意味するその内実を知解せずに徒《いたずら》にこれを行使することは、「真実の認識」のあり方を見失わせてしまうとともに、「惑わす星たち」＝世界の支配者《アルコーン》たちの誘惑によって、迷いの道をたどることに他ならないからである。

ここで「惑わす星たち」とは、いわゆる「惑星《プラネット》」のことを意味している。惑星の運動は、恒星のそれに比べてしばしば不規則性を見せるために、ギリシャ語で「惑う星（プラネーテス・アステレス）」と呼ばれる。これまで見てきたように、グノーシス主義の世界観においては、星辰の神々、特に惑星天の神々が、世を統べる悪しき支配者《アルコーン》として描かれている。そしてこのような観念に、おそらくは『マルコによる福音書』一三章六節等に見られる「多くの者が私の名を名乗って現れ、自分がそれだと言って、多くの人を惑わすであろう」というイエスの言葉が結びつけられることによって、グノーシス主義においては、惑星天《プラナオー》の神々が世の人々を惑わすために、神の名を僭称するという考えが生み出された。『三部の教え』には、次のような記述が見られる。

これらすべて大いなる名前は、本来はそこ（プレーローマ界）に置かれているものなのである。しかしそれらの名前は、アルコーンたちとともにこの世に生じてきた天使たちが、永遠なる者たちと何も似ていないにもかかわらず、あずかっている。

（『三部の教え』NHC.I.70-71）

また、『フィリポによる福音書』は次のように論じている。

アルコーンたちは人間を惑わそうと欲した。なぜなら、彼らは見たからである。彼が至高至善なるものと、同一なる本性を所有しているのを。彼らは善きものの名前を取って、善ならざるものに与えた。それはそれらの名前によって、彼らが彼を欺き、それらを善ならざるものに繋ぎとめるためであった。

（『フィリポによる福音書』NHC.II.54）

この世的なるものに与えられる名前には、大いなる迷いがある。なぜなら、それは彼らの心を確固としたものから不確実なものへと向け変えるからである。そして「神」に聞く者は、確固たるものを認識するのではなくて、むしろ不確実なものを認識したのである。父と子と聖霊と生命と光と復活と教会と、その他すべてのことについても同様である。……（中略）……耳にされた名前はこの世の内にあり、騙そうとしている。

（同 NHC.II.53）

本章ではこれまで、超越的な神の存在がどのような仕方で表象されるのかという事柄について、中心的に論じてきた。そして「神の名」とは、言わばもっとも簡潔な仕方で神の存在を表象するものなのだが、グノーシス主義の思弁は、それに対しても懐疑的な視線を向けることになる。『ペトロの黙示録』において、ペトロが救い主に対して表明した言葉をもう一度振り返っておこう。「あなたの話を聞いて、私は不安です。彼らがあなたの名を語れば、人々は彼らを信じてしまうでしょう」。キリスト教信仰が、究極的には神の名への信に支えられるのに対して、グノーシス主義はここでも、それへの不信と懐疑を展開するのである。

隠された神の名

グノーシス主義の思想的営為は、その末期に近づくにしたがって、次第に「神の名」をめぐる問題に集中するようになった。というよりむしろ、グノーシス主義は、父なる神の存在の確実な表象を追求した結果、神名に関する思弁という出口のない隘路へと追い込まれていったと考えられるのである。本書における最後の主題として、真の神の名に関するグノーシス主義の観念を取り上げてみよう。

グノーシス主義の神名論には、大枠として次のような特徴が認められる。すなわち、

(1) 真実の神の名は秘義的なものであり、この世においては隠されている。

(2) 偽りの神々であるアルコーンたちは、真実の神の名を剽窃し、自らに冠している。このために、真の神の名と偽りの神の名が混在している。

(3) 真の神の名を唱えることによって、偽りの神々の力を剥奪することができる。

きわめてわずかな記述ではあるものの、『ヨハネのアポクリュフォン』には、すでにこのような神名論の片鱗が見られる。それによれば、惑星天の神々と同一視されるアルコーンたちは、すべて「二重の名」を有している。その一つは、造物主ヤルダバオートが彼らに与えた名であり、その名がもたらす力によって彼らは、地上において権力を揮《ふる》うことが可能となる。そしてもう一つは、「上なるものの栄光に従って彼らに与えられている名」である。このような真実の神名は、アルコーンたちの正体を暴露することによって、彼らに無力と滅びをもたらすのである。しかしながら『ヨハネのアポクリュフォン』においては、真の神の名が何であるかということは、具体的には明記されていない。

神の名について、詳細であるとともに難解な記述が見られるのは、『真理の福音』というテキストである。叙述の仕方があまりにも抽象的であるため、その内容を読解するのは容易ではないが、その教説においては、一般的な認識からは隠された神名の存在が中心的な役割を果たしているということが見て取れる。

この文書によれば、可視的世界は、「父なる神」について無知である女性的神格「プラネー（迷い）」によって支配されている。そして「父なる神」の子である救い主は、人間たちに真理を啓示することによって、彼らをその「迷い」から解放するのである。

その際に人間たちに伝達される真理とは、「活ける書」に記されている彼らの「真実の名」であるとされる。イエスは、父が自ら書き記したその書を身にまとい、地上に降り立つ。そして、イエスがそこに記された名を呼ぶと、自分の名を呼ばれたことに気づいた者たちはイエスのもとに集い、自身の来歴と行く末を教えられるのである。

それでは、イエスが天界から携えてくる「活ける書」には、実際にどのような言葉が記されているのだろうか。しかしここでも『真理の福音』が伝えるのは、それが隠されたものであること、イエスだけがそれを読むことができること、「それは、人がそれを読み、虚しいことを考えるような、音の文字（母音）でも音を欠く文字（子音）でもなく、それを認識する者だけが語る、真理の文字」（『真理の福音』NHC.I.23）によって書き記されている、ということだけである。

『真理の福音』の後半部では、至高神である「父」とその「子」の関係が、神名論を軸に記述される。父は「深淵」とも称され、これまで幾度も見てきたように、一切の形容を超越した否定神学によって描かれる。その存在は言葉で形容することが不可能であり、ゆえにまた名を持たない。しかし、父の存在は、子によって表象される。『ヨハネによる福音書』の「父のふところにいる独り子なる神だけが、神をあらわしたのである」という記述に倣って、「父の名は呼ばれることなく、それは子においてあらわとなる」と語られている。

しかしそれにもかかわらず、『真理の福音』においては、その名が具体的な仕方で明示されることはない。それが明らかにされるのは、世の終末まで遅延される。「完全なる者（子）自身がそれを発語するときまでは、それは名付けえず、発音しえないものである」。

舌語としての神の名

神の名が隠されたものであることは、先に見た『フィリポによる福音書』でも同様である。そこでは、アルコーンたちが名乗る神の名が、プレーローマ界から盗み取られたものであり、「耳にされた名前はこの世の内にあり、騙そうとしている」と論じられる。そして、真の神の名は「父の名」であり、それは「子」によって表されたとされるものの、あくまで秘義的な存在であることが強調される。

唯一なる名前は、世界の内では語られることがない。すなわち、父が子に与えた名前のことである。

それはあらゆるものに優越している。すなわち、それは父の名前である。なぜなら、もし子が父の名前を身につけなかったとしたら、子は父となることがないであろうから。この名前を持っている者たちはそれを認識するが、語らない。しかし、それを持っていない者たちはそれを認識しない。

(『フィリポによる福音書』NHC.II.54)

『フィリポによる福音書』は、一貫した筋立てを持っておらず、断片的な記述の集積によって形作られたテキストなのだが、それらの断片のなかには、真の神の名を知るための「ヒント」になるのではないかと考えられる、次のような文章も収められている。

「イエス」は隠された名前である。「キリスト」は明らかなる名前である。このゆえに、確かに「イエス」は、いかなる言語のなかにも存在しないのである。むしろ「イエス」は、彼がそう呼ばれる通り、彼の名前である。だが、「キリスト」の名前はシリア語では「メシアス」であるが、ギリシア語では「クリストス」である。まったくのところ、他のあらゆるもの(言語または民族)が、それぞれの言語に応じてそれ(「キリスト」の訳語)を持っている。「ナザレーノス」が隠されたものの明らかなるもの(名前)である。

(『フィリポによる福音書』NHC.II.56)

ここで指摘されているのは、他国語にも翻訳可能な普通名詞である「キリスト(油を注がれた者）」と、翻訳不可能な固有名詞である「イエス」や「ナザレ」の区別についてである。その記述は多分に抽象的かつ不明瞭であるため、安易な判断を下すことはためらわれるが、その翻訳不可能性、解釈不可能性のゆえに、「イエス」や「ナザレ」という名称の方に、いっそうの秘義性と優位性が認められていることが読み取れる。

「子」が「父」を表すものであるがゆえに、「イエス・キリスト」、あるいは「ナザレのイエス」という名前のなかには、父なる神の真の名が隠されているのではないだろうか――。グノーシス主義の思弁においては、このような発想が次第に深められた結果、その名の秘義性が徐々に高められ、ほとんど正確な発音さえ困難なものへと化してゆく。『エジプト人の福音書』というテキストの末尾では、洗礼の際に唱えられるべき神の名が、次のような仕方で記述されている。

iē ieus ēō ou ēō ōua
真に、真に、イエッセウス・マザレウス・イエッセデケウスよ、活ける水よ、子供の子供よ、栄光の名よ。
真に、真に、真に存在するアイオーンよ、
iiii
ēēēē
eeee

oooo
yyyy
ōōōō
aaaaa
真の真に、ēi aaaa ōōōō、真に存在し、諸アイオーンを見る者よ。真の真に、
a
ee
ēēē
iiii
yyyyy
ōōōōōōōō
永遠に存在する者よ。真の真に、iēa aiō、心において、存在する yaei eisaei eioei eiosei

（『エジプト人の福音書』NHC.III.66）

このテキストに記されている神名は、「ナザレのイエス」を変形したものと想定される「イエッセウス・マザレウス・イエッセデケウス」であり、さらには、規則的に配置された母音の羅列である。母音で構成される神の名に高い神聖性が認められているのは、子音のみの表記を基本とするヘ

ブライ語やエジプト語において、母音の発音が文字上では秘されていることや、母音が単独で発音可能であるのに対して、子音にはそれが不可能であることに起因するのかもしれない。

このような神名が意味するものは今やまったく不明、というより正確にはむしろ、その意味内容の秘匿性にこそ、その意味があるのだが、イエス（ギリシャ語の発音では、正確には「イエースース」）という名から抽出されたその母音「イエウ」が、さまざまな仕方で分解・配列されているということが見て取れる。

『イエウの二書』

神名「イエウ」に関する思弁は、ブルース写本に収録された長大なテキストである『イエウの二書』において広範に展開されている。このテキストは、数々の謎めいた神名と、それを表象するダイアグラムによって埋め尽くされており、文体の簡素さにもかかわらず読解がきわめて困難だが、その物語の基本的構図は、復活したイエスによる使徒たちへの啓示、特に秘儀的な洗礼の技法に関する啓示である。

文書のタイトルに示されているように、その啓示の内容において中心的役割を果たすのは「イエウ」と称される神であり、それは可視的世界に現れた「イエス」に対する、その天上的原型であると想定される。イエウは「真の神」と称され、名を持たない至高神によって最初に生み出された神であると同時に、プレーローマ界を構成するその他の諸神格を発出する役割を与えられている。そ

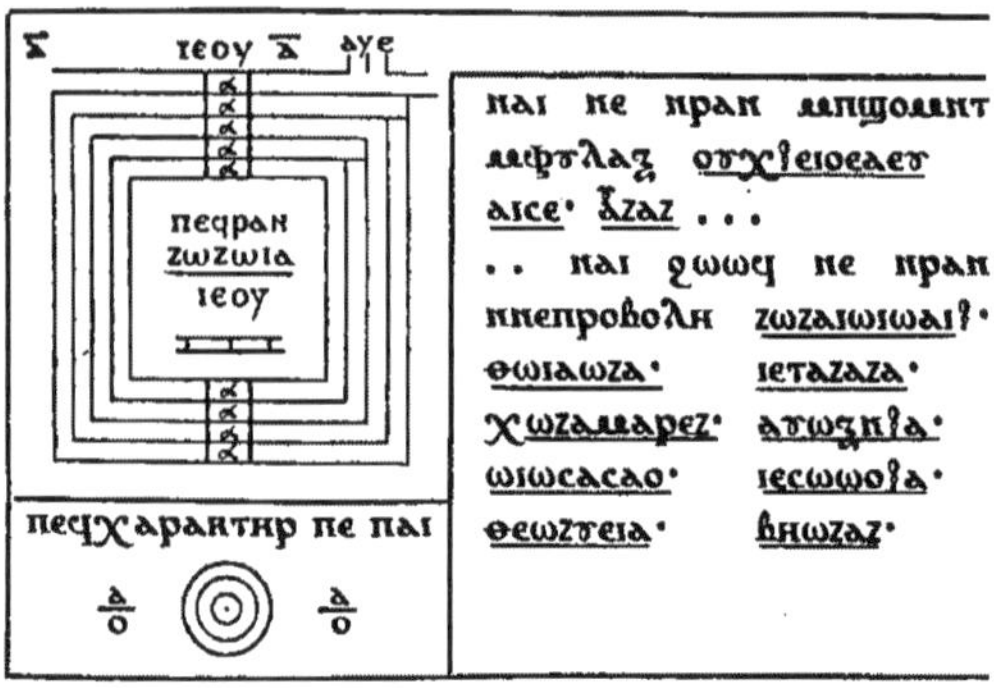

図8 『イエウの二書』における神名のダイアグラム

して、イエウやその他のアイオーンたちは、アルファベットの組み合わせによってかたどられる、種々のダイアグラムによって表記される（図8）。

『イエウの二書』の第二文書の前半部では、イエスによる使徒たちへの教えが、水、火、聖霊による三種類の洗礼と、塗油に関する秘儀についてであることが明らかにされる。これらの儀礼の実践は、信徒たちが天上世界へ帰昇し、イエウから「大いなる名」を受けるために、不可欠の要件をなすのである。

そしてこの文書では、儀礼の内容を秘密にしなければならないこと、それを外部の人間に漏らしてはならないことが、慎重に警告される。というのは、この世は悪しきアルコーンたちによって支配されており、そしてこの儀礼は、アルコーンの支配を脱して天上世界に帰還するために行われるものだからである。

『ヨハネのアポクリュフォン』と同じように、『イエウの二書』においてもアルコーンたちは「二重の名」を持っているとされており、その真の名を唱えることは、彼らからその支配力を剥奪する効果を持つ。イエスが使徒たちに教えるのは、諸天において彼らの帰昇を阻止しようとするアルコーンたちを退けるための諸手段、すなわちダイアグラムによって表示される「印章」、その手に刻まれる「数字」、そしてアルコーンの有する二重の「名」についてなのである。帰昇する人物がアルコーンを退ける場面は、彼がプレーローマ界へと到達するまでに通過する諸天の数だけ幾度も繰り返されることになるが、ここでは例としてその一場面を見よう。

汝らが身体の外に出て、最初のアイオーンに到達したとき、そしてそのアイオーンのアルコーンたちが汝らの前に現れたならば、この印章によって自らを封印せよ。彼の名前はゾーゼゼーである。それを一度だけ唱え、この数字119を両手で掴《つか》め。汝らがこの印章で自らを封印し、彼の名前を一度だけ唱えたならば、この弁明を言え。「プロテトペルソムポーン・チュースよ、退け。汝ら第一のアイオーンのアルコーンたちよ。なぜなら私はエアザ・ゼーオーザズ・ゾーセオーズを呼ぶからである」と。第一のアイオーンのアルコーンたちがこれらの名前を聞いたならば、彼らはひどく恐れて、引き返し、西の方、左へと逃げてゆく。そして汝らはさらに上へと行くことができるであろう。

（『イエウの二書』五二章）

『イエウの二書』における神の名は、文字通りに「パスワード」と称されるにふさわしいだろう。なぜならそれは、外部の人間に漏らしてはならない秘密のダイアグラムや印章、および暗証番号によって構成されているからであり、さらにはそれらの神名を発語することによって、まさにアルコーンたちによって支配された諸天を「通過《パス》」することが可能になるからである。
このテキストで執拗に列挙される数々の神名は、あたかも通常の言語的コミュニケーションを根底から覆そうとするかのように、発語困難な「舌語《グロッソラリア》」になってゆく。例えば「火の洗礼」の儀礼において信徒たちが父なる神に対して呼びかけるその「不滅の名」は、次のように表記される。

アザラカザ　ア・・アマトクラティタト
ヨー　ヨー　ヨー
アーメン　アーメン
イアオート　イアオート　イアオート
ファオフ　ファオフ　ファオフ
キオーエフォズペ　ケノビヌト
ザルライ　ラザルライ　ライザイ
アーメン　アーメン　アーメン
ザジザウアク　ネベウーニスフ
ファムー　ファムー　ファムー
アムーナイ　アムーナイ
アーメン　アーメン　アーメン

ザザザジ　エタザザザ　ゾタザザズ

（『イエウの二書』四六章）

グノーシス主義という思想的活動にとって、その生産力の一つの源となっていたのは、表象や言葉には「欺き」の性質が潜んでいるということ、それは誰かによって盗まれ、不正に使用されることがある、という観念である。真実の神の姿やその言葉がどのような仕方で剽窃され、この世に現れることになったのか。またそれゆえに、どのような仕方で真理と虚偽の混淆が生じたのか。そのことを巧みに説明しつつ、真理と虚偽の混淆状態のなかから、真理の言葉を抉《えぐ》り出すこと。この意味においてグノーシス主義の営みとは、純粋なる神の表象、神の言葉に到達することを希求するものであった、と言うことができよう。ナグ・ハマディ文書を始めとして、その思想がきわめて多くのテキストを生み出したのは、そのような衝動に突き動かされてのものであった。

しかし、真理と虚偽の言葉を批判的な手さばきで分析・解体し、新しい物語を再構築するというグノーシス主義の営みは、比較的短期間のうちにあるアポリアへと逢着することになる。グノーシス主義のこのような思想傾向は、さまざまな紆余曲折を経ながらも、次第に「誰からも盗まれることのない言葉」を追求するものに収束し、結果的にその言葉は、もはやコミュニケーションの役割を果たさない舌語へ、あるいは魔術的な言語へと変貌してしまったからである。末期のグノーシス主義は、自己解体を起こしながら、今日「魔術パピルス」の存在によって知られているような、秘義的な言語空間に吸収されていったことが想定される。

それぞれの結末

本章の前半部で述べたように、グノーシス主義とキリスト教は、その活動を開始した当初、きわめて多くの前提を共有していた。超越的な「父なる神」の存在を証し立てるという目的、そしてそのために用いられる概念的な道具立ては、ほとんどそのすべてが共通のものであったと言ってさえ過言ではないだろう。しかし両者の差異は、最初は小さな亀裂であったものが、次第に大きな裂け目となり、それぞれをまったく異なる結末へと導くことになったのである。

あらためて言うまでもなく、グノーシス主義とキリスト教は、容易な鳥瞰や要約を許さない、それぞれ巨大で複雑な現象である。しかしここでは、それがあまりに大づかみのものであることを自覚した上で、両者の結末について簡潔な見取り図を描いておくことにしよう。

まずキリスト教は、古代末期に存在していたさまざまな宗教のなかでも、新しい「父」を作り上げることにもっとも成功した宗教であった。それでは、その「父」とはどのような存在なのだろうか。

本書では、第1章の冒頭でクーランジュの『古代都市』を参照し、古代社会における「父」とはどのようなものであったかということについて、その要点を整理した。それによれば、家族における今は亡き先祖たち、特にその「神聖なる父祖《パーテル》」は、普段は墓の下で眠りについている。しかし、家の中心に据えられた竈に火が灯されると、その魂は墓から呼び出される。そして父祖の魂は、彼の子孫たちと食卓を囲み、食事をともにするのである。「父」というフィクショナルな人格を中心として食事を執り行う「供犠」という儀礼は、家族という「共同体」の結成と存続にとって、その基盤となる存在である。

大胆に言ってしまえば、キリスト教が実現したのは、宗教のこのような基本的構造を踏襲しつつ、その規模を大きく拡大したものであった。キリスト教における「父」は、もはや家族や民族にとっての「父」ではないため、彼は今や、郷土の大地に住んでいるわけではない。父なる神は、はるか天上に住まう超越的な存在なのである。その姿を人間が直接見ることはできないが、その存在を表すために、父の代理者＝表象としての「子なる神」が派遣される。彼は「世を照らす光」であり、そして人々は、彼を中心として食事をともにすることによって、また犠牲として捧げられた彼の血肉を分有することによって、教会という共同体を形成することになる。かつて神学者エルンスト・トレルチ（一八六五〜一九二三）が、中世全体を「キリスト教共同体《コルプス・クリスティアーヌム》」と称したように、その共同体は、中世という新しい時代を支える、もっとも根幹的な社会制度となったのである（図9）。

図9 『最後の晩餐』のイコン（16世紀のもの）

人間の社会は、いつの時代も常に「虚構の人格」を中心とすることによって組織されている。そして、このような「虚構の人格」は自然的には存在しないものなので、それがあるかのように見せる「表象の仕組み」が必要とされるわけである。そしてこのような「表象の仕組み」は、時代の変化とともに常に移りゆく。人間の文化の歴史とは、「表象の仕組み」の絶え間ない再編の過程である、と言っても良いかもしれない。

そしてグノーシス主義とは、時代が古代から中世へと大規模に移り変わる過程において生じた、あくまで過渡期的な一現象であった。その思想は、古代的な諸文化に由来するさまざまな表象が混淆し、互いに絡み合う「古代末期」という世界に生まれ、その時代に対峙し、しかしそこに埋没していった。グノーシス主義は最終的に、神々の表象が世界で繰り広げる「偽りの仮面劇」を舌語の一撃で引き裂きながら、自らもまた、種々の神話を作り上げるあの強力なエネルギーを消尽させていったのである。

グノーシス主義が「失敗」した宗教であったということ、そのことはどうしても否定することができない。しかし、彼らの「失敗」は、根本的に彼らが誤っていたゆえのものだったのだろうか。そうではない、と私は考える。彼らは、彼らなりの真実に確かに触れたのだ——たとえそれが、あらかじめ敗北を運命づけられた真実であったとしても。

グノーシス主義は一方で、否定神学をその極北に至るまで推し進め、真実の神とは「虚無の深淵」であるという、ある種の「無神論」と言っても良い認識に到達した。否、それはただの「無神論」というわけではない。「深淵」は、そこからすべてのものが生み出される根源であり、そして可視的世界に現れる神々は、そのような「深淵」に映し出された束の間の見せかけにすぎないのである。そしてグノーシス主義によれば、この世は「見せかけ」によって支配され、人は「見せかけ」に支えられて生きる。「虚無の深淵」からどのような仕方で「見せかけ」の神々が生み出されるのか――その思考は、古代から中世へと至る表象の再編の過程を見つめながら、宗教や信仰それ自体の生成論とも言うべき理論的地平を開いていったのだった。

それゆえにグノーシス主義の思考は、幾度も消滅するにもかかわらず、奇妙な仕方で幾度も回帰する。人間が「表象の仕組み」に支えられて生き続け、その再編の過程が継続する限りにおいて。特に、「虚構の人格」がわたしの姿を映し出す適切な「鏡」として機能せず、わたしとは何か、わたしを知るとはどういうことか、という問いが前景に立ち上がる時代には、再びグノーシス主義の息吹きがそこに流れ込んでくることになるだろう。この伝統なき伝統、継承なき継承を、今日どのように引き受けるのかということは、現代のわれわれに委ねられた課題である。

文献一覧

本書において引用・参照されている主な文献は、以下の通りである。すでに邦訳が存在するものについては、基本的には訳文をそのまま使用させていただいたが、用語や文体の統一を図るため、文意を損ねない範囲において改訳を施した。

原典資料

グノーシス主義

『ナグ・ハマディ文書』（全四巻）、荒井献・大貫隆・小林稔・筒井賢治訳、岩波書店、一九九七～一九九八年。

『ヘルメス文書』荒井献・柴田有訳、朝日出版社、一九八〇年。

『原典 ユダの福音書』ロドルフ・カッセル他編、日経ナショナルジオグラフィック社、二〇〇六年。

『イエウの二書』＝ *The Books of Jeu and the untitled text in the Bruce codex*, text edited by Carl Schmidt; translation and notes by Violet Macdermot, Nag Hammadi studies; v.13, Leiden: Brill, 1978.

聖書

『聖書』（口語訳）、日本聖書協会、一九五四～一九五五年。

キリスト教教父

エイレナイオス『異端反駁』＝『キリスト教教父著作集3／I・II エイレナイオス』小林稔訳、教文館、一九九九〜二〇〇〇年。

エイレナイオス『使徒たちの使信の説明』＝『中世思想原典集成1』所収、小林稔・小林玲子訳、平凡社、一九九五年。

エピファニオス『薬籠』＝ *The Panarion of Epiphanius of Salamis*, translated by Frank Williams, Nag Hammadi Studies 17, Leiden: Brill, 1987.

オリゲネス『諸原理について』小高毅訳、創文社、一九七八年。

オリゲネス『創世記講話』＝『中世思想原典集成1』所収、小高毅訳、一九九五年。

アレクサンドリアのクレメンス『ストロマテイス』＝『中世思想原典集成1』所収（第五巻抄訳）、秋山学訳、一九九五年。

アレクサンドリアのクレメンス『テオドトス抜粋』＝ *Extraits de Théodote, text grec*, introduction, traduction et notes de François Sagnard, Sources chrétiennes; no 23, Paris: Éditions du Cerf, 1970.

テルトゥリアヌス『プラクセアス反論』＝『キリスト教教父著作集13 テルトゥリアヌス1』所収、土岐正策訳、一九八七年。

ヒッポリュトス『全異端反駁』＝ *The Refutation of All Heresies by Hippolytus*, translated by Alexander Roberts and James Donaldson, Edinburgh: T&T Clark, 1911.

ユスティノス『第一・第二弁明』＝『キリスト教教父著作集1 ユスティノス』所収、柴田有訳、教文館、一九九二年。

その他

マルクス・アウレーリウス『自省録』神谷美恵子訳、岩波文庫、一九五六年。

アリストテレス『形而上学』（上下巻）、出隆訳、岩波文庫、一九五九年。

アルビノス『プラトン哲学要綱』＝ *Alcinous: The Handbook of Platonism*, translated with an introduction by John Dillon, Clarendon Press, 1993.

オウィディウス『恋の技法』樋口勝彦訳、平凡社ライブラリー、一九九五年。

オウィディウス『変身物語』（上下巻）、中村善也訳、岩波文庫、一九八一〜一九八四年。

フィロン『世界の創造』野町啓・田子多津子訳、教文館、二〇〇七年。

プラトン『国家』（上下巻）、藤沢令夫訳、岩波文庫、一九七九年。

プラトン『ティマイオス』＝『プラトン全集12』所収、種山恭子訳、岩波書店、一九七五年。

プラトン『パイドン』岩田靖夫訳、岩波文庫、一九九八年。

プルタルコス『エジプト神イシスとオシリスの伝説について』柳沼重剛訳、岩波文庫、一九九六年。

プロティノス『エネアデス』＝『世界の名著15 プロティノス・ポルピュリオス・プロクロス』所収、田中美知太郎訳、中央公論新社、一九八〇年。

研究書

荒井献『原始キリスト教とグノーシス主義』岩波書店、一九七一年。

大田俊寛「ユングとグノーシス主義 その共鳴と齟齬」＝『宗教研究』三五四号所収、日本宗教学会、二〇〇七年。

大貫隆『グノーシスの神話』岩波書店、一九九九年。

大貫隆『グノーシス考』岩波書店、二〇〇〇年。

大貫隆・高橋義人・島薗進・村上陽一郎編『グノーシス 陰の精神史』岩波書店、二〇〇一年。

大貫隆・高橋義人・島薗進・村上陽一郎編『グノーシス 異端と近代』岩波書店、二〇〇一年。

柴田有『グノーシスと古代宇宙論』勁草書房、一九八二年。

筒井賢治『グノーシス——古代キリスト教の〈異端思想〉』講談社選書メチエ、二〇〇四年。

中沢新一『はじまりのレーニン』岩波書店、一九九四年。

長谷川岳男・樋脇博敏『古代ローマを知る事典』東京堂出版、二〇〇四年。

堀田彰『エピクロスとストア』清水書院、一九八九年。

湯浅泰雄『ユングとキリスト教』講談社学術文庫、一九九六年。

フュステル・ド・クーランジュ『古代都市』田辺貞之助訳、白水社、一九六一年。

ピエール・クロソウスキー『ディアーナの水浴』宮川淳・豊崎光一訳、水声社、二〇〇二年。

ジョン・ディロン『中期プラトン主義』= Dillon, John. *The Middle Platonists: 80 B.C. to A.D. 220*, Cornell University Press, 1977.

E・S・ドローワー『イラクとイランのマンダ教』= Drower, E. S. *The Mandaeans of Iraq and Iran: their cults, customs, magic, legends, and folklore*, Leiden: Brill, 1962.

アドルフ・フォン・ハルナック『キリスト教の本質』山谷省吾訳、玉川大学出版部、一九七七年。

ルドルフ・ブルトマン『ブルトマン著作集7 聖書学論文集I』杉原助訳、新教出版社、一九八二年。

エレーヌ・ペイゲルス『ナグ・ハマディ写本——初期キリスト教の正統と異端』荒井献・湯本和子訳、白水社、一九九六年。

ハンス・ヨナス『グノーシスの宗教——異邦の神の福音とキリスト教の端緒』秋山さと子・入江良平訳、人文書院、一九八六年。

ジャック・ラカン『精神分析の四基本概念』小出浩之他訳、岩波書店、二〇〇〇年。

クルト・ルドルフ『グノーシス――古代末期の一宗教の本質と歴史』大貫隆・入江良平・筒井賢治訳、岩波書店、二〇〇一年。

あとがき

二〇代の始めにグノーシス主義に初めて出会って以来、三〇代半ばの現在に至るまで、私はその思想と世界観に深く魅了され、そこから知的な刺激を受け続けてきた。それなりの長期にわたるこのあいだ、もちろんいくらかの浮き沈みがあったことは確かであるものの、グノーシス主義に対する関心は、決して途切れることなく継続した。序章でも述べたように、グノーシス主義の精神を現代の学問的言語によって表現したいということ、そして、その思想の深度をできるだけ正確に測りたいということは、私が研究を進める上での基本的なモチベーションになり続けてきたのである。

しかしこのことは、冷静に考えてみると、幾分奇妙なことではある。本書で述べたように、グノーシス主義はその末期において、ある隘路にはまり込むことによってその知的生産性を枯渇させてしまった。そして、ナグ・ハマディ文書がエジプトの砂漠の地中深くに埋められていたことからも分かるように、後に政治的・文化的なヘゲモニーを確立したキリスト教によって、きわめて自覚的な仕方でその存在が抹消されている。グノーシス主義という思想の伝承の糸は、その中途で無残に切断されているわけである。

また私自身は、キリスト教やユダヤ教を始め、何らかの特定の宗教的信仰を持っているわけではない。ゆえに私は、これらの宗教に対する関心から、グノーシス主義への研究へと向かったというわけでもない。端的に言ってしまえば、グ、ノ、ー、シ、ス、主、義、と、私、自、身、の、あ、い、だ、に、は、本、来、何、の、関、係、も、な、い。グノーシス主義が姿を消してからおよそ二〇〇〇年後、その文書がまったくの偶然でエジプトの土のなかから発掘され、東洋の島国に住む縁もゆかりもない一人の人間が、その内容に深い興味を覚えて研究に没頭したということを、もし当時のグノーシス主義者たちが知るならば、そのあまりの荒唐無稽さを彼らは笑うのではないだろうか。

グノーシス主義という思想を研究することが、私にとってある意味では「現実逃避」の一手段でもあったということを、ここで率直に認めておきたい。もともとが内向的な性格であること、そして昨今の世相に対する一方ならずの厭世観が、自分とは無関係な古代末期の文献への耽溺に力を貸したということは、否定することができないだろう。そして、もしグノーシス主義が、その秘密の一端を私に垣間見せてくれたのだとすれば、それはグノーシス主義と私のあいだに本来は何の関係もないこと、社会的立場や特定の利害が、両者の対話を歪めなかったということが、その理由の一つではなかったかと思われる。

しかしながら、研究を一段落させるために本書を書き終えた今、私は、グノーシス主義を研究するということが、私にとって必ずしも単なる現実逃避のための一手段ではなかった、それは私なりに現実世界に対峙し、それについて思考するための意味合いも持っていたのではないか、と感じている。思いつくままに列挙してみれば、それは特に次の三点に関してである。

まず第一に、「帝国」の存在に関わる問題である。本論でも述べたようにグノーシス主義は、ローマ帝国が最盛期を迎え、「ローマの平和」と呼ばれる繁栄を実現させた時代にその姿を現した。ローマ帝国が地中海世界における政治的な覇権を確立し、そうしたグローバルな支配のもとで文化的・経済的な繁栄が達成されるなかで、グノーシス主義の思想は、アレクサンドリアに代表されるような、ローマ属州の地方都市で繁茂したと言われている。そしてそこに住まう人々は、そうした繁栄の果実を享受する一方で、根深いレベルでは歴史的伝統や政治的主体性を剥奪され、横溢する情報のなかで自らの姿を見失ってしまったのである。このような時代的状況は、「アメリカの平和」による繁栄と頽廃を深く享受してきた現在のわれわれの社会と、多分に共通性を持つものではないだろうか。

第二に、現代の日本社会における宗教の問題、より具体的に言えば、オウム真理教に関する問題である。私がグノーシス主義の研究を始めた一九九五年は、オウム真理教によって地下鉄サリン事件が引き起こされた年でもあった。

現世を「幻影」に基づくものとし、「覚知」によってそこから離脱しようとする点など、グノーシス主義とオウム真理教は、表面的にはいくつもの類似性を示している。しかし実際には、教義の内容や教団の形態を具体的に比較すれば、両者は共通点を見つけるのがほとんど不可能なほど、互いに大きく異なっている。相違点をいくつか列挙すれば、グノーシス主義には、特定の個人の教えに集団の意志を一致させようとする「グルイズム」の傾向が見られないこと、神秘経験や自己神化を求めて身体的な「修行」を行った形跡が見られないこと、そして両者の終末論については、オウム真理教が仏教を自称しながら『ヨハネの黙示録』に特別の関心を注いだのに対して、グノーシス主義がこの文書にほとんど何の関心も向けていないこと等が挙げられよう。

少し抽象的な言い方になるが、本論で見たようにグノーシス主義は、人が「そのために死ぬ」ような、あるいは人を「そのために死に至らしめる」ような超越的人格、フィクションの人格を、結果的に分析・解体する思想傾向を有しているため、グノーシス主義が何らかの宗教的暴力に積極的に荷担したという明確な事実は、これまでに認められない。また、オウム真理教が、師《グル》に従えば解脱と救済にあずかることができるが、そうでなければ終末の破局のうちに滅びることになるという、きわめて原理主義的な二元論を提示したのに対して、グノーシス主義の二元論は、プラトン主義的な二世界論や、キリスト教の終末論を引き継ぎながらも、善悪の単純な選別を事実上不可能にする批判的思考を展開したため、両者における「二元論」のあり方は、実際にはまったく異なっていると言わなければならないだろう。

しかし、にもかかわらず、オウム真理教の問題は、あたかも喉の奥深くに刺さった棘のように私の意識に存在して来たし、今も存在している。きわめて大きな視点から見れば、オウム真理教とグノーシス主義は、ある時代精神を共有しているのだろう。それは、ハンス・ヨナスがニーチェの言葉を借りて「もっとも不気味な客」と呼んだニヒリズムの問題、すなわち「意味の空白」に関わる問題である。両者はともに、現世における人間の生のあり方に明確な意味を認めることができず、それを求めて超越性の領域へと手を伸ばしたのである。

しかし、超越という「鏡」に双方が見たものは、実にまったく異なるものであった。本論で述べたように、一方でグノーシス主義が、鏡に照らして自己を認識するという人間精神のメカニズムそのものを明らかにし、他方でキリスト教が、新しい時代の礎となる「父」の形象をそこに見出したのに対して、オウム真理教がそこに見たのは、近代という時代に潜む歪み、そして日本という社会や国家に潜む歪みであったからである。

そして、私の専攻する宗教学という学問は、オウム真理教という対象から適切な距離を取ってその「歪み」の正体を明らかにすることができなかったばかりか、破綻に向かうその運動を多分に後押しさえしてしまった。一言で言えば、近代という時代における宗教的な精神性、グノーシス主義をもその長い眠りの淵から呼び覚ましたこのエートスに対して、宗教学はそれを分析の俎上《そじょう》に載せることにいまだ十分に成功していないのである。この問題は、今後の私自身の課題ともなり続けるだろう。

そして最後に、父の不在や忘却に関わる問題である。プライベートな事柄で恐縮だが、私の父親は私の幼少時に病没しており、私は自分の父親に関する明確な記憶をほとんど持っていない。父親が不在であることによって私がどのような影響を被ったのかということについては、もちろん今では確かめる術《すべ》もないのだが、それでも私はこれまで折に触れて、本来は自分が知っておかなければならない何か大切な事柄を、ふとしたはずみで忘れてしまっているのではないだろうか、という思いがよぎるのを押さえることができなかった。

あまりにも当然のことであると考えられているためか、これまでの研究ではほとんど自覚的に主題化されていないものの、グノーシス主義は、「父」の存在に対する執拗な思弁を繰り広げた宗教思想であった。そして私は、グノーシス主義について研究することで、父の不在や忘却という問題について、そして「父とは何か」という根本的な問いについて思考し、ある程度の回答を与えられたのではないか、と考えている。

本書の成立については、多くの方々からの影響と恩恵を受けた。特に以下の方々に対しては、この場を借りて深く謝意を示しておきたい。

最初に、大学院の指導教員である鶴岡賀雄先生に対して。本書は、東京大学に提出された博士号学位取得論文『グノーシス 模倣の神話学』をベースに執筆されている。そして鶴岡先生には、博士論文の草稿を何度もお読み頂き、その度ごとに先生は、生硬で晦渋なものとなりがちな私の文章を正してくださった。

次に、駒場でのゼミナールを通して指導を受けた大貫隆先生に対して。大貫先生は、荒井献氏と並んで、日本におけるこれまでのグノーシス研究を牽引されてきた研究者である。本書では両先生の研究に対してかなり批判的な見解を示したが、このような議論の空間自体が、先生方の大きな業績によって開かれたものであることを、あらためてここに明記しておきたい。特に大貫先生は、ナグ・ハマディ文書の邦訳によってグノーシス主義に関する議論が一般に広まることを望んでおられたので、本書での試みを了とせられんことを願う。

第三に、大学院時代の畏友である佐々木中氏に対して。佐々木氏は、「ドグマ人類学」を提唱するピエール・ルジャンドル、そして精神分析家ジャック・ラカンの研究者であり、本書の理論的側面に当たる箇所は、すべて佐々木氏からの教示によるものだと言っても過言ではない。氏の言葉は、私にとって常に導きの糸になり続けた。

最後に、私の家族である母と兄に対して。私の家族は、私のこれまでのおぼつかない足取りを常に見守り、励ましてくれた。特に実家を離れるまでの一八年のあいだ、忙しい生活のなかでも母が欠かさず朝食と夕食を用意してくれ、家族で食卓をともにできたことは、小さくとも強固な共同性の感覚を芽生えさせ、私自身の精神的安定の基盤となったと考えている。

グノーシス主義の研究を行うなかで私が知りえたことは、最終章の末尾にも記したように、人間の社会が「虚構の人格」を中心に組織されているということ、そして人間は、この「虚構の人格」に近づきすぎても、あるいは遠ざかりすぎても、生きてゆくことができないということである。このような認識は、宗教に関するこれからの研究に十分活用してゆきたい。そしてその意味でこの研究は、いまだ一つの準備運動であるにすぎない。

＊

本書が春秋社から公刊されるに至ったのは、二〇〇九年の春、私が同社に原稿の持ち込みを行ったことから始まっている。春秋社の方々は、何の縁故や面識もなく、また研究者として無名である私に対し、常に丁重に接し、原稿の内容を高く評価するとともに、公刊までに至る作業を迅速にサポートしてくれた。春秋社社長の神田明氏、編集部長の鈴木龍太郎氏、編集の実務を担当いただいた小林公二氏に対し、深く感謝の意を表したい。

著者略歴
大 田 俊 寛 *Toshihiro Ota*
1974年生。専攻は宗教学・思想史。一橋大学社会学部卒業、東京大学大学院人文社会系研究科基礎文化研究専攻宗教学宗教史学専門分野博士課程修了。博士（文学）。現在、埼玉大学非常勤講師。キリスト教を中心とする宗教思想史を研究するほか、オウム真理教問題を含む現代宗教論も手掛ける。著書に『オウム真理教の精神史』（春秋社）、『現代オカルトの根源』（ちくま新書）、『ブックガイドシリーズ基本の30冊 宗教学』（人文書院）がある。

グノーシス主義の思想――〈父〉というフィクション

2009年11月20日　初　版第1刷発行
2023年 1 月20日　新装版第1刷発行

著　者――大田俊寛
発行者――神田　明
発行所――株式会社 春秋社
〒101-0021 東京都千代田区外神田2-18-6
電話 03-3255-9611
振替 00180-6-24861
https://www.shunjusha.co.jp/
印　刷――萩原印刷 株式会社
装　丁――芦澤泰偉

ISBN978-4-393-33393-8
定価はカバー等に表示してあります